U0347901

华为
项目管理之道

华为项目管理能力中心 ◎ 著

STRATEGIES
and
METHODS
of
HUAWEI
PROJECT MANAGEMENT

机械工业出版社
CHINA MACHINE PRESS

本书介绍的华为项目管理之道主要包含三层含义：一是道路的"道"，指一路走来，华为项目管理都经历了哪些发展历程；二是得道的"道"，即华为在长期的项目管理实践中不仅吸收了国际先进理论和全球卓越企业的实践智慧，而且通过对项目管理的系统理解，形成了华为服务项目管理方法论、理论和文化；三是共同发展之"道"，指华为与客户、合作伙伴、同行及广大的项目管理专业人员分享其优秀实践，促进共同成长。全书共有 8 章，分别为发展之道、交付之道、用将之道、治理之道、数智之道、文化之道、价值之道、未来之道。

图书在版编目（CIP）数据

华为项目管理之道 / 华为项目管理能力中心著 . —北京：机械工业出版社，2024.3（2024.6 重印）

ISBN 978-7-111-75281-3

Ⅰ. ①华…　Ⅱ. ①华…　Ⅲ. ①通信企业 – 企业管理 – 项目管理 – 经验 – 深圳　Ⅳ. ① F632.765.3

中国国家版本馆 CIP 数据核字（2024）第 049957 号

机械工业出版社（北京市百万庄大街 22 号　邮政编码 100037）
策划编辑：孟宪勐　　　　　　责任编辑：孟宪勐　杨振英
责任校对：贾海霞　李小宝　　责任印制：单爱军
保定市中画美凯印刷有限公司印刷
2024 年 6 月第 1 版第 3 次印刷
170mm×230mm·15.25 印张·3 插页·195 千字
标准书号：ISBN 978-7-111-75281-3
定价：99.00 元

电话服务　　　　　　　网络服务
客服电话：010-88361066　机　工　官　网：www.cmpbook.com
　　　　　010-88379833　机　工　官　博：weibo.com/cmp1952
　　　　　010-68326294　金　书　网：www.golden-book.com
封底无防伪标均为盗版　机工教育服务网：www.cmpedu.com

推荐序一　项目管理能力是华为的"根能力"

　　我们为全球客户服务，都是以项目为作战单元来组织和完成的，经历了电信设备交付和维护、Turn-key 交钥匙工程、软件类集成交付、行业解决方案交付等，从"把信送给加西亚"，到"烧不死的鸟是凤凰"；从连续十五年的重点项目"零事故保障"，到千岛之国完成"不可能完成的任务"；从 8848.86 米的珠峰无线基站安装到 72 小时内火神山 5G 系统完成，通过一个一个项目成功，实现对客户的承诺。项目管理已经成为市场竞争力的关键根能力，它是在为全球客户服务的过程中逐渐构建起来的，也是在和业界持续交流、从中吸收的过程中强壮起来的，还是在践行"以项目为中心"的转型过程中快速成长起来的，更是在"使命必达"的项目管理文化下锤炼出来的。

　　项目管理成为我们 ICT 领先服务的根能力，这里的"根"不仅是指专业要扎实、做事要职业化、要能够解决具体问题，更是指要能够形成一种"以项目为中心"的工作机制和工作文化，建立以项目为中心的经营体系。我们一直强调"项目是经营的细胞"，当然项目管理不仅在于要按时、按预算、按质量标准完成交付，更需要围绕价值定义、价值承诺、价值实现这样的循环，实现商业成功的正循环。以项目为单元的经营体系，实现了从"做完、做成一个项目"到"持续的价值创造、持续的经营建设"。无论战略多么宏大、理念多么先进，企业和组织的成长，归根到底还是要落脚到实实在在的产品研发和合同交付的项目上，项目管理是管理的核心。

华为服务的项目管理能力一直在不断地进化，呈现出鲜明的实战性、体系化和持续改进的特征。这既是从实践到理论，再从理论到新的实践中去检验和发展的成长之道，也是充满使命感、责任感和荣誉感的奋斗者之道。华为项目管理之道具有三层核心含义。

第一层含义是指道路的"道"。项目管理是一门实践科学，这一点在华为体现得尤为明显。华为服务项目管理的发展是过去 30 年一步一步摸索出来的，也是一仗一仗打出来的。华为的项目管理走过了专业化、体系化、数字化等阶段，不断持续迭代，坚持在继承和发展中前行，不断接受实践挑战与梦想洗礼，这些足迹成就了华为项目管理的成长之"道"。

第二层含义是得道的"道"。华为服务在项目管理长期实践中，不仅吸收了国际先进理论和全球卓越企业的实践智慧，更总结了自己的创新方法，形成了独具特色的工具平台。通过对项目管理的系统理解，形成了华为服务项目管理方法论、理论和文化，这是华为项目管理的方法之"道"。

第三层含义是共同发展之"道"。华为愿意与客户、合作伙伴、同行及广大的项目管理人员分享项目管理优秀实践。众人拾柴火焰高，大家一起传播项目管理的成功故事，一起交流项目管理的理念和实践，共同促进项目管理发展。同向而行的人越来越多，同频共振的人越来越多，成功的道路才会越走越宽，这是华为项目管理的成长之"道"。

不积跬步，无以至千里；不积小流，无以成江海。华为项目管理发展只有起点，没有终点。

汤启兵

华为全球技术服务部（GTS）总裁

推荐序二　雄关漫道真如铁

　　本书是华为公司首次对外发表的项目管理专业著作，由华为首席项目管理专家孙虎牵头组织编撰。书中写的是华为各级项目管理者亲身经历和从事的项目管理事业，记载的是几代华为人在项目管理领域所做的大量研究和取得的成功实践，因此书中所举的事例、所介绍的做法更真实、更鲜活，他们对项目管理精髓的理解也更直接、更深刻。读这本书，更能让我们感受到身临其境的项目管理的炮声与炮火，也更能让人感悟到项目管理的团队精神、伙伴友谊和机制力量。看这本书能够使我们产生一种投身到项目管理中去的强烈愿望。

　　项目管理能力是华为的"根能力"。"各级干部要有成功的项目实践经验"，体现出华为公司以项目为中心的运作机制。在 VUCA[⊖]时代，它更意味着指挥要靠近一线，激发每个员工的创造潜力，善于与不同的相关方合作，提高实现价值的可靠性和效率。只有以项目为中心，才能避免决策者坐在办公桌后面看世界、部门之间各自为战、员工被

　　⊖　即易变性（volatility）、不确定性（uncertainty）、复杂性（complexity）、模糊性（ambiguity）。

工具化、企业与客户相互博弈等大企业病。缺乏项目管理能力支撑的企业，不管其口号喊得多么响、其理念多么先进，都只是"风口上的猪"：风来了可以起飞，风过了则会摔死。

"打赢班长的战争"是华为公司项目管理的战术要求，要"让听得见炮声的人呼唤炮火"，"华为的项目经理就是CEO"，进而促进了由项目经理在本质上向项目CEO的转变。项目经理是面向完成既定项目任务的，而项目CEO则需要主动思考如何为客户创造更多的价值，如何为企业创造更多的价值，如何持续提升项目管理的价值，他们是华为的创业者和开拓者，而不仅仅是执行者。为提高项目管理的战术能力，华为的HEROS模型为项目经理的能力标准、赋能方向和评价方式提供了指南；SOBEST能力模型用来指导和支持项目经理转型，使其能够应对挑战，成为精英。基于这些体系的有效赋能，华为的项目团队能成为使命必达的突击队，这些能打胜仗的员工能成为华为的精英和精兵。

流程为纲的项目治理平台是实现华为公司项目管理战略的有效支撑。一个项目相当于一场战斗，本身似乎没有什么战略问题，但对一个以项目为中心、每年有大量项目的国际化公司来说，项目管理的战略问题就成为决定公司管理体系有效与否的关键。要想在做到"让听得见炮声的人呼唤炮火"的同时，避免项目追求局部效率和利益给公司带来整体效益和风险问题，需要将个人的经验转化为公司的知识，需要有协调公司整体资源的流程保障，需要有基于数字化技术的决策监控机制，它们是华为项目治理机制中的重要内容。持续迭代优化的项目管理流程、项目管理办公室、项目交付评审团队和项目销售决策团队（sales decision team，SDT）等平台化的管理方法和组织机制保证了"机关必须为利润中心提供服务"这种"为项目管理"思想和体系的转变，打通了从"project"（项目）和"program"（项目集）到"portfolio"（项目组合）的任督二脉，将一个个项目集成起来有效实现华为的战略意图，以取得"上下同欲者胜""将能而君不御者胜"的战略成果。

不断迭代的数字化转型是华为为了打赢正在到来的新型场景下项目管理战争的战略布局。作为一个ICT（信息和通信技术）行业的世界级领军企业，华为在数字化管理方面的价值敏感度和实现能力是毋庸置疑的。华为项目管理数字化转型早已开始并演化成系统化的管理工具、平台方法，对象数字化、规则数字化和过程数字化是华为数字化项目管理的三个维度。定位为"以项目为中心的一站式指挥作战平台"的集成服务交付平台（ISDP）一直伴随着转型之路，支撑华为全球业务发展和项目管理。ISDP的愿景是高效交付、智慧运营、安全可信，华为通过ISDP携手客户与合作伙伴围绕"以人为本、提效降本、指挥在线"三大价值主张实现共同价值。目前，华为的ISDP从内部海量应用到产品化、面向行业提供解决方案，将成为赋能千行百业的项目管理平台。

"坚持以客户为中心，让胜利成为一种信仰"是华为项目管理的文化。一支没有文化的军队是愚蠢的军队，一群没有信仰的人不可能建成真正的团队。华为的"以客户为中心"包含成就客户、为创造价值而创新和产业链的合作共赢三层含义，从心中始终装着客户，为客户的成功全力以赴，到基于客户的需求进行创新，持续为客户创造价值，直至与合作伙伴共享成长，营造健康和谐的商业环境实现共赢。没有这样的理念，就回答不了"为谁打仗"的问题，一个个的项目组很容易成为散兵游勇，胜利也就失去了标准和价值。空洞的口号不能成为文化，文化需要通过不断树立信心而最终成为信念。华为的价值管理包含价值定义、价值承诺和价值实现这一整套方法论。只有具备了这些信念、方法论和体系的支撑，必胜的勇气和决心才能成为项目成功的关键因素。

华为的项目管理之道是一道道关隘闯过来的挑战之道，是从行到知再从知到行的知行合一之道，是由英勇善战的项目团队蹚出来的胜利之道。除了高层领导的战略远见和领导能力，广大的华为员工是建设华为项目管理之道的主力军。在我担任华为项目管理独立顾问期间，我与大量的华为项目管理人员进行了深入的交流，从他们身上可以看出华为人在其项目管理之道上展现出来的专业和责任，也可以感受到华为人在其项目管理之道上的拼搏精神和追求荣耀的热情，他们都是走在华为项目管理之道上的最可爱的人。

雄关漫道真如铁，而今迈步从头越。本书不仅是华为的项目管理者们对自己走过的道路的回顾和总结，也是他们对未来之路上还需要解决哪些问题、突破哪些障碍和创造哪些价值的思考。展望未来，社会环境将更复杂、更不确定、更模糊和更易变，企业发展将面临更大的挑战，也会迎来更多的机遇，项目管理本身的知识、理论、方法、应用场景、工具和项目管理者的胜任力要求等必然会发生巨大变革。本书能够为企业应对未来的变化提供有益的参考，也能够为广大项目管理者的成长提供宝贵的借鉴。

丁荣贵　博士

山东大学教授、博士生导师

国际项目管理协会副主席

《项目管理评论》主编

前　言

　　这是一部由华为公司项目管理专家出品的项目管理实践图书，也是几代华为人在项目管理方面的思考和实践的总结。学而不知道，与不学同；知而不能行，与不知同。知行合一，才能有所得。

　　本书记录了过去30多年华为在项目管理领域迎接挑战、克服困难、事成人长的历程和所取得的成果。项目管理能力是在为全球客户服务的过程中逐渐构建起来的，也是在和业界持续交流、从中吸收的过程中强壮起来的，项目管理能力已经成为华为的"根能力"，成为华为业务竞争力的法宝之一。我们希望这本承载着华为项目管理思想及方法的书能够成为对内传承、对外传播项目管理精神的火种。我们通过本书向多年来战斗在项目管理一线的华为人致敬，向无数帮助过华为、和我们一起奋斗着的项目管理伙伴致敬。

　　当组织撰写这本书时，我们发现这样一个事实：我们在写我们自己。这是因为所有的经验和教训都是我们自己经历过的。为让读者能领悟到华为项目管理真谛，在写作过程中，我们试图将这些知识和经验梳理出清晰的框架，逐渐形成华为项目管理八个主题。

第1章 发展之道：介绍华为项目管理的发展历程，即项目管理专业化、体系化、数字化、价值化这四个阶段。

第2章 交付之道：总结排兵布阵的实践以及项目管理的"十八般武艺"，应用于从项目启动、规划、执行、监控到关闭的整个项目周期，涵盖多个项目管理知识领域，既有模型和方法，又有应用实践，可供你学习和借鉴。

第3章 用将之道：着眼于项目经理的人才发展和管理，介绍了选拔项目经理的理念、对项目经理的定位，以及项目经理角色认知和能力模型、职业发展通道等。

第4章 治理之道：围绕以项目为中心、打赢"班长的战争"的治理之道，介绍了项目型组织、项目为中心的机制、场景化的流程能力、组织级项目管理体系等方面。

第5章 数智之道：总结了华为项目管理数字化的发展历程，并重点阐述了项目管理数字化平台建设和应用的实践经验和方法，以及项目管理领域智能化的应用。

第6章 文化之道：给出了华为项目管理文化的价值观念，对外体现了"以客户为中心"，对内体现了"以项目为中心"，对结果追求"以团队为中心"的使命必达的项目管理文化。

第7章 价值之道：阐述了项目管理的本质是价值创造和价值管理理念，总结了价值管理"三阶六步"的方法和价值交付系统。

第8章 未来之道：提出了对未来项目和项目管理的重新思考，总结出"七大发展趋势"和"八大应对"以及对项目和项目管理的重新定义。

当然，局限在所难免。"一名之立，旬月踯躅"，书中的一些名词和概念带有比较明显的华为特色，我们经历的项目场景部分涵盖项目管理领域的理论和实践。我们真诚希望你能够提出宝贵意见，帮助我们进一步提升对项目管理的认知和实践能力。

"咬定青山不放松，立根原在破岩中。千磨万击还坚劲，任尔东西南北风。"项目管理的进阶永无止境，让我们一起为实践项目管理、提升项目管理的价值不断奋发前行。华为项目管理的成就始于使命必达，华为项目管理的最高成就也在于使命必达！

本书的主要作者有：

孙虎　王海曒　梁成　周凯　邹华辉　李镜　王毅　刘丰常　吴冰　王振宇　李元尧　赵光全　张全军　杨国兴　黄振纲

参与写作的还有：

冯恒军　徐云松　贾岩　贺江涛　卢泓　郑传福　陈志勇　王向东　许日海　祝佩　王菁　张宏　魏春轩　李亮　刘钊　陈权武等

在此特别感谢山东大学丁荣贵教授、孙涛教授、王磊博士及南京大学周晶教授、宁延教授、李明教授在本书写作过程中对本书进行精心打磨，对书稿进行审视和修改完善。

在此感谢陶景文、查钧、汤启兵、荀速等领导对本书的支持、指导和帮助。

华为项目管理能力中心

目　录

第 3 章　用将之道

第 4 章　治理之道

第 8 章 未来之道

1

发展之道

项目管理在华为公司管理体系中具有鲜明的代表性。通过了解华为项目管理发展之道，大家可以更好地理解华为公司以客户为中心、以奋斗者为本和长期艰苦奋斗的企业文化与管理思想的内在含义。

华为的项目管理发展历程大体上沿着主辅两条线展开。其中，主线侧重实战和经营，在不同的发展阶段，依据客户需求、自身发展战略与项目管理能力之间的匹配而适应性地构建了项目管理理念、体系和方法，开展了相应的队伍能力建设等，这条主线从项目实战中来，经历了实践的充分、反复检验。辅线是通过不断对标、学习、借鉴国际项目管理知识体系和认证标准，华为的项目管理体系和方法保持持续的迭代。这两条线相辅相成，一起构建了从基层员工到公司决策层、从项目前线到后端平台、从国内市场到海外市场、从实践探索到理念升华的华为项目管理体系。

华为的项目管理发展历程可以用图 1-1 来简单表示。

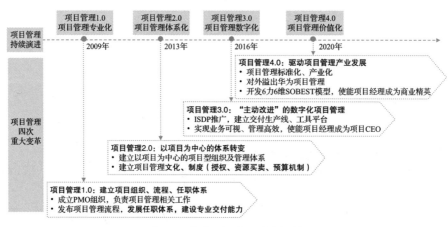

图 1-1　华为项目管理发展历程

华为项目管理体系经历了一个持续不断的演进过程，从项目管理

1.0，到项目管理 2.0，再发展到项目管理 3.0 和项目管理 4.0，呈现出了鲜明的实战性、体系化、持续改进的特征，这是从实践到理论，再从理论到新的实践中去检验和发展的螺旋式迭代成长之道，是项目团队一步步蹚出来的成功之道，也是有血有肉，充满使命感、责任感和荣誉感的奋斗之道。

1.1　项目管理 1.0：项目管理专业化

华为项目管理是在具体的项目实践中汇聚而成的。1997 年之前，主要以工程管理为主。针对小型工程项目，会安排现场交付工程师兼任项目经理，对项目的交付过程和结果负责；针对规模较大或者跨多个产品的交付项目，会指派专职经理。2000 年，随着销售规模的扩大，产品开始在多个领域突破，管理方式逐步从工程管理走向以产品为核心的项目管理。从 2001 年开始，华为走向海外，在中东、南亚等区域签订了一系列交钥匙类（turn-key）合同，华为不仅要负责通信设备调测，还要负责站点、铁塔、机房、空调、管线等基础设施建设，这更需要具备专业的工程交付和服务交付能力，使得建立系统化项目管理体系的迫切性进一步增加。从 2004 年开始，海外业务量的增长使华为面临的项目管理场景日趋复杂化，也促使华为开启了项目管理专业化建设之路。为此，华为成立了项目管理办公室（Project Management Office，PMO），通过研究业内项目管理体系和标准，总结项目管理实践经验，陆续积累、沉淀了包含项目管理流程、任职体系等在内的一系列交付项目管理知识资产，这就是华为项目管理 1.0（项目管理专业化）。至此，华为形成了专业的项目交付管理能力，标志着华为走上了项目管理专业化之路。

1.1.1 成立项目管理办公室

2008 年，华为在全球技术服务部（Global Technical Service，GTS）下设全球 PMO，对全球交付项目和项目经理进行统一管理。这标志着华为已从零散的工程实践和工程管理正式走向专业化的项目管理。全球 PMO 吸取了探索阶段收集起来的优秀项目管理经验，并对其进行固化，为项目实现例行化的运作制定规则，提升了华为的项目管理能力。华为将全球 PMO 定位为：践行"以客户为中心"的价值观，支撑每个项目的成功，为项目经理提供服务，同时通过运营管理激发项目经理的活力，以最终实现项目对公司战略落地的支撑，如图 1-2 所示。全球 PMO 是公司愿景、使命、战略和目标与项目之间的连接器，能够帮助公司实现战略的执行落地，同时帮助项目解决所面临的问题。因此，全球 PMO 又被称为连接项目前端解决方案和后续交付能力的一座桥梁。

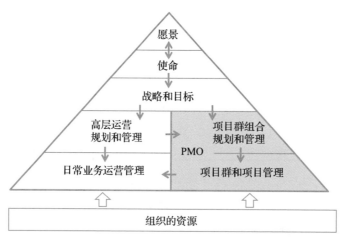

图 1-2　全球 PMO 定位

全球 PMO 在组织的不同阶段或不同业务领域的定位不同。PMO 中的"O"在第一个阶段代表办公室（office），是支撑和服务型的组织，负责给项目／项目群／项目组合提供必要的支撑和服务。PMO 中的"O"在第二个阶段演化为运营（operation），目的在于取得更大的价值和收益，平衡资源之间的冲突，让多个项目成功，甚至可以管控风险。此时，PMO 起到了管控的作用，通过运营、管理和治理能够在整个企业的多项目协同中实现更好的价值。在目前的第三阶段中，全球 PMO 真正承担了战略到执行的项目主管（owner）职责，不仅能够帮助客户，还可以通过项目实现商业价值，更重要的是帮助企业将战略落地。

1.1.2　发布项目管理流程

项目管理作为一种业务运作模式，更需要一套完备的项目管理流程做支撑。通过借鉴业界领先的实践并结合自身的管理需求，华为开发出一套适合自身的项目管理流程（project management process，PMP），简称 PMP1.0，于 2008 年在全球正式发布，随后将 PMP 流程与线索到回款（leads to cash，LTC）、集成服务交付（integrated service delivery，ISD）、采购、供应、管理服务等交付资源和公司财经流程相集成，为项目经理成功交付项目提供支持。

PMP1.0 包括了从分析项目、规划项目、建立项目、实施项目、移交项目到关闭项目六个阶段的工作流程和六个交付评审点（delivery review，DR）。其中，六个交付评审点 DRA、DRB、DR1、DR2、DR3 和 DR4 分别代表交付可行性评审（delivery feasibility analysis review，DRA）、投标前交付方案评审（delivery review for bidding，DRB）、计划及基准预算批准、实施启动评审、验收及移交评审、关闭项目评审，这些流程及评审活动确保了项目交付能够有效支撑机会点管理、合同履行管理和经营目标达成。PMP1.0 流程框架如图 1-3 所示。

图 1-3　PMP1.0 流程框架

1.1.3　形成专业交付能力

提升项目交付能力是提高项目成功率的关键。项目交付能力的改进伴随着华为项目管理体系的不断完善，也是在优秀的项目实践中逐步发展而来的。

2004 ～ 2009 年，华为先后经历了一系列大项目的洗礼和挑战，主要包括泰国 C 项目、巴基斯坦 P 项目和 U 项目、埃及 T 项目、巴西 V 项目等，从这些重大项目交付中，公司逐步构建起了复杂项目的交付能力。2009 年 10 月，主题为"一个团队，一个目标"(One Team One Goal)的第一届项目经理峰会召开，此次峰会围绕项目交付的各个关键环节及项目交付能力的发展进行了实践分享和交流，任正非特地参加本次峰会并与项目经理进行了面对面的交流与座谈。2010 年 10 月，主题为"从项目管理到项目领导的旅程"(the journey from project management to project leadership) 的第二届项目经理峰会召开，本次峰会围绕项目管理向项目经营转身展开讨论，任正非再次亲临峰会与项目经理零距离地交流与座谈。任正非的两次与会，既表达了他对华为项目交付能力提升寄予的厚望，又极大地鼓舞了项目经理们的士气和热情。

2010 年之后，华为在欧洲的项目迅猛增加，一线和客户对项目管理的专业性和规范性提出了更高的要求，为此对欧洲项目进行深入研究和总结，并依据 PMP1.0 制定了欧洲重大项目关键点"1 线 17 点"标准化作业流程（见图 1-4），该流程为公司项目管理标准和任职资格标准的提出奠定了较好的基础。

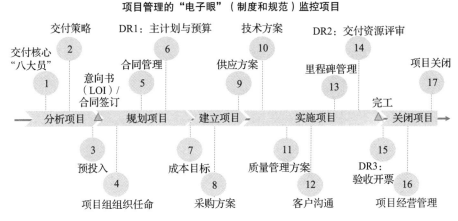

图 1-4　欧洲重大项目关键点"1 线 17 点"标准化作业流程

　　为应对国内外项目复杂程度和交付难度不断提升带来的挑战，在借鉴国内外相关标准、欧洲重大项目关键点"1 线 17 点"标准化作业流程和其他最佳实践的基础上，华为于 2011 年发布了第一版《交付项目管理任职资格标准》，明确了项目经理必须掌握的 12 个项目管理领域的知识及必备的相应领域管理能力，具体包括整合管理、变更管理、沟通管理、经营管理、资源管理、价值管理、质量管理、风险管理、进度管理、范围管理、干系人管理、供应商管理。该任职资格标准引领了各级项目经理加强相关专业知识的学习，提升专业交付能力。后在此基础上，华为发展出一套项目经理等级评定体系，并应用于员工任职评定。

　　同时，针对客户重大项目或交钥匙项目，华为建立了客户经理（account manager，AM）＋项目经理（project manager，PM）的运作机制以形成端到端的项目交付能力，确保了项目售前和售后的无缝对接，保证了对客户满意的全程负责。具体而言，客户经理主要与客户对接，其工作集中在售前阶段，负责管理高层客户关系，协助项目经理设定并审核项目实施的预算，对项目的利润率负责。项目经理主要负责项目的交付，其工作集中在交付阶段，对项目的质量、实施成本和进度负责。客户经理与项目经理的"握手"，提升了客户满意度，助力项目成功。

1.2 项目管理2.0：项目管理体系化

从2013年开始，公司的项目管理面临新的挑战，主要体现在以下几点。第一，交付项目数量众多且大项目和超大项目数量呈现较快的增长趋势。公司的项目管理体系已经不能适应管理这些大规模项目的需要。第二，代表处的规模不断扩大。大代表处开始有划分经营管理单元（如系统部、项目群）的客观需求，而公司的项目管理体系还不能满足这些多层级项目管理的需要。第三，在人、财、事三方面对项目经理的授权不充分，项目经理的责任权力不统一。第四，项目资源管控机制不能满足项目经营的要求，交付项目的核心资源，尤其是项目财务等支撑体系资源，在数量和能力上无法满足项目需求且缺乏保障机制。第五，预算基于功能部门生成并主要由功能部门控制，项目经理和项目组缺乏预算的支配权，项目经营的自主性受到限制。2013～2016年，华为经历了马来西亚T项目群、阿联酋D项目群、土耳其V项目群、印度尼西亚M项目群、菲律宾G项目群等超大型项目和项目群的交付考验。同时，项目的变更越来越多，对项目盈利带来的挑战和机会越来越大。华为意识到如果没有一个好的项目经营管理体系，就做不好项目经营，也就很难做好公司整体经营管理。

为此，华为提出了管理运作要从"以功能为中心"向"以项目为中心"变革。为了确保以项目为中心变革的成功，华为在2014～2015年启动了项目管理变革项目，提出"管理运作从以功能为中心向以项目为中心进行转变，加强项目经营和项目管理"的要求，任命了"从以功能为中心向以项目为中心转变"项目组，聚焦交付项目，重点解决"项目经理授权、预算管理机制、项目资源保障"三个核心问题。在执行过程中，华为面临很多内部挑战。为应对这些挑战，华为在项目管理 1.0 的基础上进行了向项目型转变的组织设计和调整，实现了以项目为经营单元的管理体系建设，推出了项目管理 2.0（项目管理体系化）。在"以项目为中心"的管理运作体系指导下，华为开展了项目经理授权、资源保障、预算机制、项目型组织等一系列变革活动，通过试点和持续夯实，成功地从以功能为主、项目为辅的弱矩阵结构转变为以项目为主、功能为辅的强矩阵结构，实现了"以项目为中心"的运作，如图 1-5 所示。

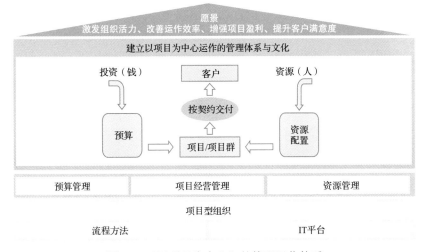

图 1-5 "以项目为中心"的管理运作体系

华为这次项目管理变革是从公司战略和文化、价值观视角对公司项目管理文化、组织、运作的一次重要变革，它为华为在项目管理文化和高层理解方面的统一奠定了基础。

1.2.1　建立项目型组织

向"以项目为中心转变"的根本目的是激发组织活力、改善运作效率、增加项目盈利和提升客户满意度。转变过程中非常关键的举措就是建立项目型组织。以项目为中心的项目型组织相当于提供了一种新的方式，通过授权项目并运用激励、牵引等手段，营造员工人人进项目、人人想当项目经理的氛围，避免了组织的官僚化和僵化，保持了组织的灵活性和敏捷性，牵引所在的组织相互协同、以快制慢。

项目型组织是为了顺利完成项目（或项目群）目标而建立的工作团队，确定项目目标，发起项目任命，给予项目授权，进行项目评价，侧重于项目团队成员的发展和激励。项目型组织的设定和授权，取决于项目形态和定级，华为从项目规模、交付方案复杂度、组织整合复杂度、交付环境、沟通层级等方面进行评分，将项目分为五个等级，并按此进行分类分级管理、授权、监控。

为推进项目型组织的建设，华为成立了由客户责任人（AR）、解决方案责任人（SR）、交付履行责任人（FR）组成的工作小组，形成了面向客户的"铁三角"作战单元。在助力客户实现其商业价值的过程中，三种角色分别承担着各自的职责，既相互独立又充分协作。客户责任人要维持与客户的良好关系，要能够识别客户的关键决策链，找到关键决策人；解决方案责任人则要具备遴选优秀产品与解决问题的能力，能够站在客户的角度去思考如何满足客户需求从而帮助客户取得成功；交付履行责任人就需要更好地按照合同承诺将项目交付到位，并在交付过程中发现和孵化新的机会点。"铁三角"运作为华为组织变革的分权提供了一种思路：以需求确定目的，以目的驱动资源，一切为前方着想。华为长期坚持的"铁三角"组织模式以及灵活的调配机制，确保了"铁三角"牢牢地站立在客户界面，铸就了华为特色的前方铁军。

1.2.2 以项目为中心的机制

伴随着项目型组织的建立，华为逐步形成了完备的项目管理流程和制度，从而将业务运作构建在项目经营管理之上，实现了项目型组织的弹性化管理。

从"以功能为中心"向"以项目为中心"转变的重要目的是"公司的经营可预测、可管理，持续提升运营效率和盈利能力"，其目标包括：①项目经理在授权范围内高效决策；②项目组呼唤资源，资源部门提供资源；③达成经营目标，落实分享制。为实现该目标，通过引进外部咨询和总结内部实践，确定了完善项目管理制度的核心方案，明确了在项目经理授权、资源保障和项目预算管理方面的三个工作重点（见图1-6），并据此建立了授权机制、资源保障机制和预算管理机制。

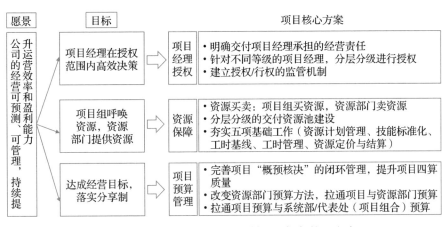

图1-6 "以项目为中心"的愿景、目标与核心方案

首先，在项目经理授权方面。以往主要是转授权，即基于管理者的个人风格，按人来确定对项目经理是否授权以及授权的范围。项目经理不能自动获得授权，从而影响了项目经理的工作活力。为此，通过改革，重新明确了

项目经理承担的经营责任,并开始以项目角色为依据,针对不同等级的项目进行分层分级直接授权(人、事、财)。授权后的项目经理对项目组成员拥有管理和考核的权力,同时项目组的考核评价与经营结果直接挂钩。

其次,在资源保障方面。以往资源还是卖方市场,即使项目有预算也不一定能获得资源。有时领导关注或者客户投诉反而是项目经理更有效获取资源的推动力,这就使得一线倾向于把资源抓在自己手上。如果不能改变这种卖方市场的现状,资源管理方面会面临现实的障碍。因此华为开始在资源保障方面提高计划和预算的水平,建立起公司、地区部和代表处三级资源池,让每层组织手中都有一定的资源,从而为下一步盘活整个公司的资源奠定基础。同时,基于夯实五项基础工作——资源计划管理、技能标准化、工时基线、工时管理、资源定价与结算,建立了资源保障机制。通过实现"资源部门'养兵'、项目经理'用兵',依靠市场机制'调兵'",打破了人员在功能部门的板结,实现了听得见炮声的人(项目经理)能呼唤到炮火(资源)。

最后,在项目预算管理方面。以往项目预算质量较低,预算偏差较大,在这样的基础上进行绩效评价、考核和利益分享难度较高。为此,华为建立了以项目为中心的预算管理机制,通过赋予项目经理更大的权力,使其在预算范围内有决定权,实现了责任中心与项目预算的衔接。具体来讲,首先完善项目"概、预、核、决"的闭环管理,提升项目"四算"质量;其次改变资源部门预算方法,拉通项目与资源部门的预算;最后拉通项目预算与系统部/代表处(项目组合)预算,确保了项目经营的可预测性以及风险、质量的可控性。

1.2.3　形成项目管理文化

随着项目型组织的建立,"以项目为中心"的项目文化逐渐深入人心。项目管理经验成为管理者选拔的必要条件，项目经理成为人人向往的岗位。在华为，人人学习项目管理、人人参加各种项目管理培训班的现象蔚然成风。

华为的项目管理文化与华为的企业文化一脉相承，是华为核心价值观在项目管理活动中的具体体现和丰富。华为项目管理文化的精髓包括四个方面，即以客户为中心、契约精神、结果导向和团队协同作战。

（1）以客户为中心。客户需求是华为发展的原动力，为客户服务是华为存在的唯一理由。为此，华为实行以客户为中心的作战方式，将作战指挥部建立在离客户最近的地方，让听得见炮声的人来呼唤炮火。同时，通过建设业务、流程、组织保障与信息化系统，建设以客户为中心的管理体系及平台，支撑精兵作战，保障客户价值的成功实现。

（2）契约精神。项目管理中的契约精神，就是项目成员要拥有一种心理契约，养成按规则办事的习惯。其本质是一种双向的联系和规范，以立约方式确定人与人之间的互动关系。因此，华为坚持以诚信赢得客户，诚信是华为最重要的无形资产。

（3）结果导向。华为建立以结果为导向的价值评价体系，将项目的关键绩效指标（key performance indicator，KPI）纳入个人绩效承诺书，贯彻结果导向的理念，以向员工传递市场压力。同时，坚持以奋斗者为本，基于为客户、上下游和团队带来的贡献与价值，建立以结果为导向的任职资格制度，使奋斗者获得合理的回报。

（4）团队协同作战。只有坚持自我批判，才能倾听、扬弃和持续超越，才更容易与他人合作，实现客户、公司、团队和个人的共同发展。在团队合作方面"胜则举杯相庆，败则拼死相救"，华为坚持目标一致、动作协同、同进同退、充分沟通、绝对服从、超强耐力、永不放弃的团队协作精神。

这四个方面奠定了华为项目管理"使命必达"的文化基础，"使命必达"的内涵和外延在不断发展、与时俱进。

下面是践行"以项目为中心"的经典成功项目案例。

■ 案例

G项目群堪称巨无霸项目群，涉及五大模块的交付，分别是核心网、无线网、传送网、外线工程（光缆外线）和站点基础设施，每个模块就是一个大项目，而且相互制约、错综复杂，被称为华为全球范围内涉及产品最多、交付规模最大、解决方案最难、实施环境最复杂、合同工期最紧的电信综合现代化项目群。项目几乎涉及了公司所有产品线，累计交付万级的网元，覆盖该国全境7000多个岛屿。该项目曾被视为一个"不可能完成的任务"。

为应对巨大的项目压力，帮助客户实现商业成功，特指派公司的顶级项目管理专家担任项目群总监，全面贯彻"以项目为中心"理念，带领项目群团队精心谋划和部署，制定并实施了一系列重大举措，包括：①按超级项目阵型排兵布阵，组建项目核心组，打造铁打的营盘；②制订清晰的项目作战方案，实现从策略到执行、从集成规划到集成实施的统筹；③与客户建立分层分级的GME（决策、管理、执行）沟通机制，精细化管理并引导客户期望和需求；④打造优秀跨文化团队，持续改善团队氛围、激发团队活力；⑤建立合纵连横的战略合作伙伴关系，通过外引内联将所有资源拧成一股绳；⑥建立"一个目标，一个团队"（One Goal One Team）机制，例行化团队目标管理，把阶段目标分解为每周小目标，实现周清周结；⑦善用客户满意度法则，通过价值交付实现客户价值和公司价值的双赢；⑧基于LTC流程进行契约交付和预算执行管理，通过开源节流和业财联动提升项目盈利；⑨实行项目资源保障机制，提高人均效率，培养项目交付人才。

在践行以项目为中心的过程中,项目组打赢了"班长的战争",G项目群提前完成了"全网现代化"这一"不可能完成的任务",交付了大大超越客户预期的 B 海岛海缆登陆"明星"工程,最终为客户提供了 3G/4G 高速宽带体验,实现客户业务连续翻番的骄人业绩,成就了客户商业价值。G 项目群为此荣获 2013 年度 PMI(中国)杰出项目奖。

在 G 项目群成功交付的基础上,项目组总结了"333"的项目成功法宝,即 3 赢原则(赢得项目群利润、赢得客户满意、赢得卓越运营),3 条船实践(领导力(leadership)、责任心(ownership)、同舟共济(oneship)),3 点项目精神(目标不变(target is target)、自信自强(yes we can)、追求结果(make it happen))。G 项目群是华为以项目为中心的组织、制度和文化建设的典型代表,并通过实践的提炼,完善了以项目为中心的体系。该项目的成功交付体现了华为项目管理能力质的飞跃,也为华为项目管理文化的形成奠定了坚实基础。

1.3　项目管理 3.0:项目管理数字化

随着华为全球业务的急剧扩张,项目越来越多,交付场景五花八门,每年的各级交付项目数量多达数千个,遍布全球 100 多个国家和地区。过去大家熟练的、惯用的"人拉肩扛"的管理方法已经不能适应新形势。华为开始投入到数字化转型的浪潮中,在项目交付的实践中不断探索和开发数字化赋能的管理手段,构建了"集成服务交付平台"(integrated service delivery platform,ISDP)的数字化作战平台,实现了项目管理数字化转型,形成了"精英 + 精兵 + 平台 + 合作伙伴"的作战体系,驱动了交付模式的创新,更好地使能了项目经理成为 CEO,这就是项目管理 3.0(项目管理数字化)。

1.3.1　开发数字化管理工具

华为作为全球 ICT 的解决方案领导者，具有信息化 / 数字化的基因，从早期工程项目管理系统（engineering project management system，EPMS），到海外项目扩张中诞生的站点管理工具 iSite、聚焦计划管理的 iPlan，再到现在人人耳熟能详、项目管理离不开的 ISDP，这一系列的平台和工具都是在华为项目管理实践中诞生的，同时其应用和不断迭代也促进了华为项目管理能力的提升。华为项目管理工具、平台发展历程如图 1-7 所示。

图 1-7　华为项目管理工具、平台发展历程

1.3.2　打造集成服务交付平台

华为在经历了业务与资源规模快速扩大后，开始思考一个战略问题：如何保证在业务持续增长的同时，人员数量不随之大幅增长。为此，公司成立了基于集成服务交付（integrated service delivery，ISD）的变革项目组，建设集成服务交付平台。ISDP 从集成项目管理的视角，横向集成"销售、供应、人力、采购、财经"五大流程，把项目管理流程从线下搬

到线上，并模块化集成到平台上；纵向拉通"项目管理（项目层）、实施管理（站点层）和现场作业（任务级）"三个层面，并可以调用各种作业工具，实现了多方协同（客户、华为、合作方）、在线管理、流程可视、作业自动、业务度量等多种数字化项目管理功能，保障了项目成功交付，同时提升了效率、质量和效益，如图 1-8 所示。

ISDP 推进了华为项目管理的数字化，实现了"五化"关键价值点：①标准化——纸上流程、交付件系统标准化；②数字化——交付（项目、网络、站点状态）、经营状态数字化可视；③协同化——交付计划和资源计划协同、联动刷新，自动排程和仿真；④自动化——简化流程和操作，多项作业"一键、自动或远程"处理（勘测报告"一键"生成，物料请求"一键"生成，站点开通"一键"完成，验收文档"一键"生成，分包验收"一键"触发）；⑤移动化——改变传统邮件、电话逐级沟通、层层汇总的状况，实现"随时、随地、实时"提交，查看进度、问题、风险，实现"拉式"管理。ISDP 关键价值点如图 1-9 所示。

在一线项目组积极参与和使用下，截至 2016 年底，ISDP 已覆盖了全球 170 多个国家和地区的几百家客户、企业，数千个交付项目，6 万多名活跃用户，不断助力公司的战略成功。2017 年公司新年献词中特别指出："经过多年的努力，交付流程基本贯通，并用 ISDP 承载，交付效率和质量得到了大幅提升。"

1.3.3　推动交付模式转型

华为充分利用强大的数字化管理工具和平台，在项目交付模式方面，对资源进行整合，建设了"精英＋精兵＋平台＋合作伙伴"阵型（见图 1-10），形成了"弹头＋战区支援＋战略资源"的作战队列，提升了项目交付效率。

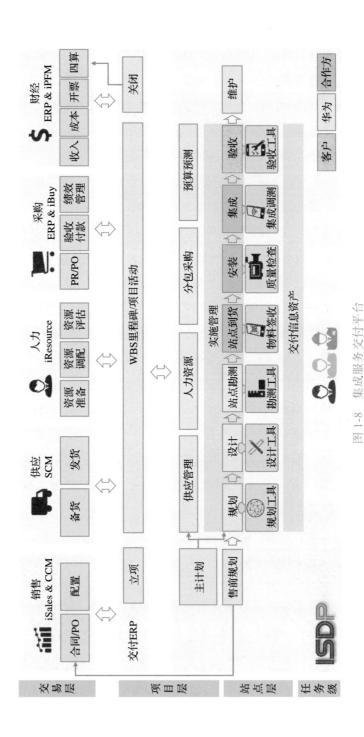

图 1-8　集成服务交付平台

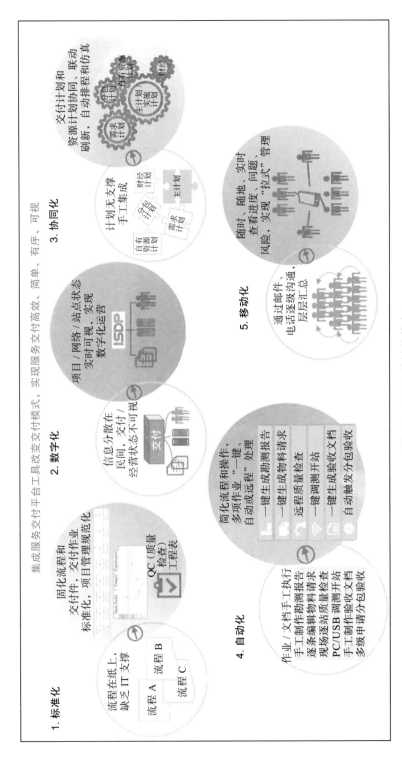

图 1-9 ISDP 关键价值点

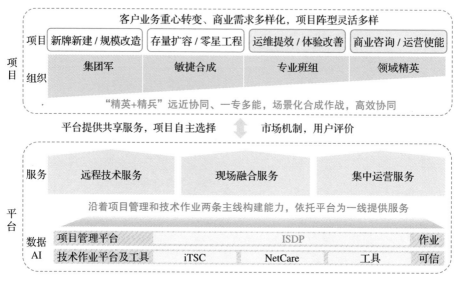

图 1-10 "精英 + 精兵 + 平台 + 合作伙伴" 阵型

首先，建设"精英 + 精兵 + 职员 / 合作伙伴"队伍。选拔、培养和建设有洞察力和战略能力的精英队伍；选拔、培养和打造能打敢拼、善于胜利的精兵队伍。像河流堤坝一样，建立职员不流动但业务可自由流动的机制，稳步识别与培养本地化的同心人和同路人，逐步利用本地员工可以掌握的技能与业务岗位增强系统作战能力。

其次，改变作战队列的排列方式，形成"弹头 + 战区支援 + 战略资源"的作战队列。让"将军"（精英）排在面对客户的最前列，增强前方的项目决策能力和合同关闭能力；让有经验、有能力、善于"啃骨头"的骨干（精兵）进入战区支援；让高级精英与低阶少壮派（职员）进入战略资源及后备队。新兵进入后方新兵营，训练与参战结合，跟随老战士出战，时刻做好战斗准备。新兵只有会开"枪"后，才允许上前线。所有员工在有作战任务时，以考核为主；闲时，要频频考试，以考促训。

■ 案例

　　某国软件项目是华为采用"精英＋精兵＋职员"队伍的典型案例。该项目是华为最大的公司战略级软件项目之一，交付周期超过 3 年，现场团队平均规模超过 200 人。

　　该软件项目最初规划人员绝大部分为中方员工，各种人工成本（差旅费、本地税费等）居高不下，管理难度大，同时存在合规用工风险，导致资源调配周期变长，再加上由文化差异导致的沟通效率低下，项目出现了严重亏损，也遭到了客户的多次投诉。

　　该项目借助公司项目管理平台，实行"精英（现场）＋精兵（技术专家）＋合作伙伴（本地）"的服务模式，即派驻项目精英，优化中方项目精兵（掌握各模块关键技术／专业能力的专家团队），通过与本地伙伴合作，采用本地实施、测试人员，提高项目本地化程度，并通过平台实现本地和总部的协同作战。通过采用这种新模式，项目组现场出差人员数量减少了 50%，同时提升了沟通效率，降低了用工风险，加快了项目交付进度和效率，助力客户实现了商业成功。

1.4　项目管理 4.0：项目管理价值化

　　华为通过在全球市场与相关顶级企业竞争，成功为高端客户提供各种项目管理服务并取得了令人瞩目的成绩，同时帮助公司实现了项目管理的专业化、体系化、数字化，为业务持续发展保驾护航，项目管理服务更成为华为在高端市场的核心竞争力之一。同时，华为意识到有必要也有责任将几十年积累下来的丰富的项目管理实践经验与客户、合作伙伴以及社会各界项目管理同行分享。为此，在公司内部推进项目经理成为商业精英，在外部驱动项目管理服务标准化，积极参与国家和行业项目管理标准制定以及项目管理咨询服务标准的建设，并在国内／国际相关项目管理期刊及专业平台上贡献力量。目前，华为已初步形成了以项目管理专业服务、项目管理培训和认证、项目管理数字化平台外溢为标志的项目管理 4.0（项目管理价值化）体系。

1.4.1　项目管理专业服务

在 5G 时代，千行百业面临业务、组织和人才的三重挑战，项目管理能力亟待提升。通过对国内外项目管理领域的洞察，华为发现将项目管理发展为一项专业化服务的需求日益增加。从国内来看，以往国内的人工成本较低，项目成本主要是硬件成本，国内公司在交付项目时通常采用买设备送服务的方式，不收取项目管理服务费。但随着硬件同质化加剧，硬件成本更加透明化，人工成本逐渐升高，尤其偏软类项目人工成本占比更高，项目管理服务化趋势越来越明显。从国外项目经验来看，在国际项目合同中，有些客户对华为的项目管理进行了明确的专业化要求，包括资质以及项目管理的方法、流程等，并要求在合同中体现。华为认识到，项目管理作为贯穿项目全生命周期（分析、规划、建立、实施、关闭）的一种管理模式，已广泛被客户接受和认可，且已经成为一项专业化的服务。然而，项目的形态多样化、场景复杂化会加剧项目交付的难度，对项目管理的能力提出了更高的要求，容易导致项目中责任界面不清、合同模糊、执行不到位、沟通协调困难或项目交付失败。客户很希望华为提供专业的项目管理服务，助力项目成功交付。

为此，华为在吸取国内外先进项目管理经验和借鉴其项目管理体系的基础上，提炼自身多年积累的优秀项目管理实践经验，形成了一套完整的项目管理能力集，面向千行百业提供专业项目管理服务，帮助客户整体提升项目管理能力，实现高效的项目管理，更好地实现项目商业价值。

华为具备多场景项目的交付能力，可提供面向客户的端到端项目管理解决方案，打造了富有实战经验的项目管理专家团队。华为决定将项目管理能力外溢，将项目管理作为一种服务提供给客户。

公司依据不同业务场景项目管理的难易程度，以及项目经理投入占比等多种因素，为客户提供全周期的项目管理服务，将项目管理作为一种增值的专业服务，助力客户提升项目管理质量和效益，促进项目成功和价值创造，进而提升客户满意度。

1.4.2 项目管理培训和认证

随着项目管理日益成为一种增值的专业服务、项目数量增加、项目规模扩大、项目复杂性提高，需要更多掌握专业管理知识、具备专业管理能力的项目经理。同时，项目经理也面临着干系人沟通复杂、交付的产品和解决方案迭代更新快、交付过程有更多的不确定性、数字化转型等挑战，如何帮助企业建立项目管理体系，提升企业项目经理能力，已成为紧迫的课题。

华为研究了项目管理相关标准和认证体系，包括（美国）项目管理协会（Project Management Institute，PMI）的项目管理知识体系（Project Management Body of Knowledge，PMBOK®）、国际项目管理协会（International Project Management Association，IPMA）的国际项目管理能力基准（IPMA Competence Baseline，ICB®）、英国商务部（Office of Government Commerce，OGC）的 PRINCE2（PRoject IN Controlled Environment）和国际的 ISO（International Organization for Standardization）体系，结合自身"以项目为中心"的项目管理流程、体系、文化、平台及大量成功项目管理理论和实践经验，作为关键贡献者参与了国家项目管理相关标准的制定，并在此基础上，创造性地设计了项目管理 H5M（Huawei 5M）模型，如图 1-11 所示。

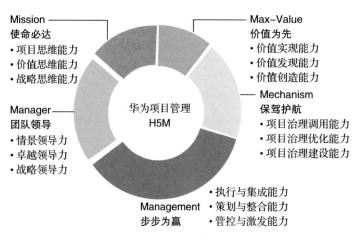

图 1-11　项目管理 H5M 模型

同时，以 H5M 模型为基础，华为发布了项目管理认证标准及体系，如图 1-12 所示。

图 1-12　项目管理认证体系

项目管理认证体系面向 5 大类客户，由低到高，将项目管理认证分为以下 3 个级别：

- HCSA（项目经理）：要求具有项目思维，具备成功组织和管理一般项目的能力。
- HCSP（高级项目经理）：要求具有价值思维，能够熟练应用项目管理工具、平台，具备成功经营和操盘复杂项目（群）的能力。
- HCSE（项目管理专家）：要求具有战略思维，具备成功管理项目群/项目组合、引领组织级项目管理变革的能力。

华为项目管理培训和认证，是华为项目管理理论研究和实践相结合的产物。

1.4.3　数字化平台外溢

数字化项目管理平台 ISDP 通过多年在交付领域的规模使用，大大提升了自身的项目管理能力。通过多年的持续优化迭代，华为决定将自身数字化项目管理平台能力向行业客户外溢，助力千行百业的项目管理数字化转型。为此，华为将数字化项目管理平台 ISDP 通过产品化适配到各个行业，为各个行业提供数字化项目管理平台解决方案，ISDP发展为赋能千行百业的云服务（ISDP+）。ISDP 的发展历程如图 1-13所示。

为了帮助客户的不同层级人员尽快熟悉和使用 ISDP+，以使适配行业的数字化项目管理平台解决方案取得更好的应用效果，华为为客户提供相应的培训服务、咨询服务和专业服务，如图 1-14 所示。

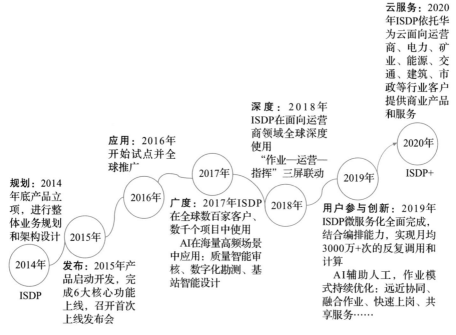

图 1-13　ISDP 的发展历程

培训服务			咨询服务		
基层作业员工	中基层管理者、专家骨干	中高层管理者	数字化作业咨询	规则数字化咨询	运营数字化咨询
数字化作业"ISDP+应用实训"	数字化作业"创新工作坊"	华为服务交付数字化转型经验分享			
作业流无码编排 作业场景使用 运营场景使用 指挥场景使用	作业流现状分析 作业标准梳理 作业流改进设计 作业流系统承载	数字化转型历程 业务模式变化 人才结构变化 数字化架构	作业场景清单化 作业流程工序优化 作业标准结构化 作业标准系统固化	业务规则结构化 风险定性定量分析 业务规则系统固化	业务工单化 工单价值化 价值绩效化 运营模式系统固化

专业服务				
集中运营服务		编排服务		AI模型训练服务
智慧安监运营 质量审核运营	业务规则运营 用户&数据运营	看板/卡片编排　　报表/模板编排 　　　UI界面编排	作业流编排 微服务编排	数据标注　　模型验证 模型训练　　模型部署

图 1-14　华为数字化作业平台 ISDP+ 服务体系

华为的项目管理体系建设已经经过四个发展阶段，这四个发展阶段并不是取代关系，而是后一个阶段在前一个阶段基础上进行了继承、发展、迭代。每个阶段解决的主要矛盾不同，针对的客户需求不同，公司体系化建设的成熟度不同，对项目经理和相关团队成员的能力要求不同。没有实践的理论是空洞的理论，没有理论的实践是盲目的实践。华为项目管理的发展历程是一个实事求是的历程，华为项目管理的发展之道是华为项目经理们在理念、理论和能力上的成长之道，也是一个在不断实践中解决各种新问题的过程之道。

战斗在一线的项目经理们是构建华为项目管理之道的突击队，正是他们通过一个个成功的案例、一场场胜利的"班长的战争"促进了项目管理体系的创建、应用和持续发展。面向全球日益复杂的交付场景和客户需求，项目管理和集成交付能力需要在学习和实战中提升。华为的业务已经由主要集中在ICT领域发展到了千行百业，不同发展阶段产生的项目管理体系在不同的市场、客户和项目中都有不同程度的应用。

项目是经营细胞，华为成功实现了从以功能为中心向以项目为中心的转变，让听得见炮声的人来呼唤炮火、指挥炮火。项目管理成了华为的"根能力"，这个能力需要与时俱进，从专业化到以项目为中心、从数字化到产业服务，华为的项目管理发展之道始终是进行时，是华为项目管理"使命必达"精神的具体体现。

2

第 2 章

交付之道

华为项目管理的本质是真正去满足客户的有效需求、追求客户的商业成功，进而实现公司的商业正循环。项目是最小的经营细胞，项目管理是公司的战略力，也是管理进步的基础细胞，项目管理能力就是交付之道的内涵。交付之道首先是阵型，就是项目的排兵布阵，排兵布阵首先要选好"主官"，做强弹头部，实现精英/精兵作战；其次是功法，在实践中总结提炼和迭代复制有效的战法，步步为营，招招制胜，在项目中做到"做正确的事，正确地做事，把事做正确"；最后是从经营的视角，通过夯实业财联动、强化项目经营管理，在达成外部客户商业目标的同时达成项目内部的经营目标。交付之道是华为的项目管理作战能力，公司 CEO 在 2014 年全球交付工作会议上的讲话中强调，"把交付打造成为华为公司的核心竞争力"。

2.1 排兵布阵，灵活机动

排兵布阵是交付的首要问题。华为的项目阵型设计方法，主要从两个维度来考虑，一是决策 – 管理 – 执行的维度，二是对外（客户）和对内（内部）的维度，并在项目交付实践中总结归纳出标准阵型架构 ATPE，如图 2-1 所示。

其中：

- A（authorize）是授权与决策层，主要负责高层管理、重大项目决策、项目授权等。
- T（TMO）是技术管理办公室，负责方案的可实现和可执行。
- P（PMO）是项目管理办公室，负责项目的交付落地与实施，监控项目按计划执行。
- E（execution）是项目任务执行小组，主要负责项目交付过程中的日常交付工作，包括客户需求分析、问题跟踪、版本维护，以及交付后满足客户持续业务需求的相关工作。

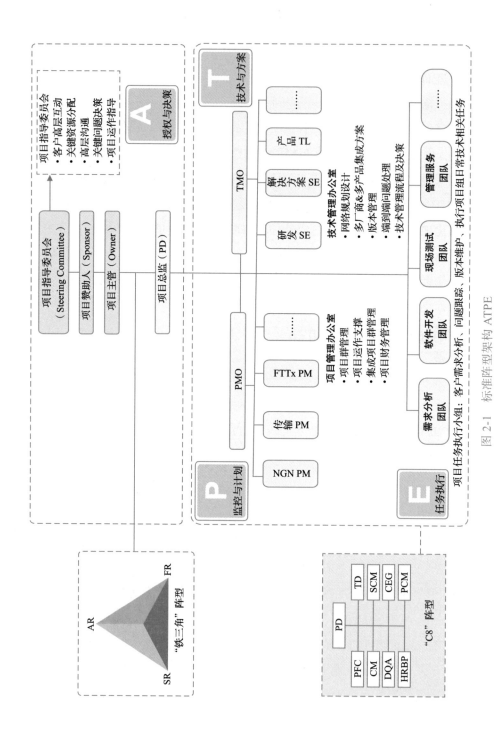

图 2-1 标准阵型架构 ATPE

在 ATPE 架构指导下，在实践中形成了两个经典的项目运作阵型：一个是面向客户的"铁三角"阵型；另一个是以"八大员"为核心的面向内部、面向执行的"C8"阵型。

2.1.1 "铁三角"阵型

2010 年市场工作会议提出："我们系统部的'铁三角'，其目的就是发现机会，咬住机会，将作战规划前移，呼唤与组织力量，实现目标的完成。系统部里的三角关系，并不是一个三权分立的制约体系，而是紧紧抱在一起生死与共，聚焦客户需求的共同作战单元。""铁三角"是华为公司独创的项目运作阵型。

"铁三角"的第一个角是构建客户关系竞争力，由客户责任人（AR）负责；第二个角是构建产品/解决方案竞争力，由解决方案责任人（SR）负责；第三个角是构建项目交付竞争力，由交付履行责任人（FR）负责（见图 2-2）。通常，在项目拓展初期，由于 AR 客户关系把握较好，由他负责牵头组建项目"铁三角"，SR 负责解决方案的可实现，FR 负责对项目方案、项目计划可行性及项目风险进行分析，支撑客户经理和管理层进行决策，确保项目可销售、可交付。

"铁三角"的运作模式如下：

第一，一切以客户的成功和满意为中心，聚焦销售目标和销售结果。在实现客户商业成功的过程中，三个角色分别承担着各自的职责，既相互独立又充分协作。AR 要维持与客户的良好关系，要能够识别客户的关键决策链条并找到关键的决策人；SR 要具备遴选优秀产品与解决问题的能力，能够站在客户的角度去思考如何满足客户需求，从而帮助客户取得成功；FR 则需要更好地按照合同承诺将项目交付到位，并在交付过程中发现和孵化新的机会点。这三个角色线在产品的销售和交付过程中，分别发挥各自的特长，形成合力，共同达成目标。

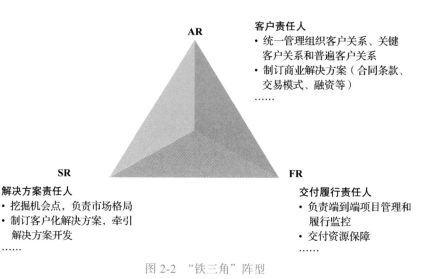

图 2-2 "铁三角"阵型

第二，"铁三角"组织的三个角色形成组合力，推动产品和解决方案不断完善。"铁三角"通过协同作战，围绕一个"城墙口"冲锋，实现一荣俱荣、一损俱损。为此，要求"铁三角"阵型中的三个角色之间相互分担其他角色的任务，实现任务互锁。比如 SR 除承担提供产品解决方案任务外还承担销售任务，这样 SR 既要提供产品解决方案，又要约见客户、了解客户，从而开发出满足客户和市场双重需求的产品解决方案，不断提高和完善产品解决方案竞争力。

第三，促进人才培养和输送。在华为，客户经理、产品经理、项目经理大部分是来自各业务线的骨干，优秀的产品经理可以输送给系统部担任 SR。AR 和 FR 也有类似的人才获取、发展途径。此外，"铁三角"三个角色之间也可以相互输送人才，如 SR 可能成为 AR，FR 也可能成为 AR。这样就形成了一个正向发展的人才链条。正是这样一个有序的人才供应链，确保了"铁三角"组织中的人才资源能够源源不断。

2.1.2 项目交付"C8"阵型

当客户与华为建立项目后,由项目经理牵头组建交付项目组。"C8"
(core member 8)阵型是华为普遍采用的一种项目交付阵型。"C8"指的
是 8 个关键角色形成项目管理核心团队。

项目明确 C8 成员在交付项目核心管理团队中的角色,以确保他们
对项目目标的达成承担共同责任。根据岗位的独特性,C8 承担差异化
的独立职责,确保交付项目按合同交付、按预算执行,最终达成客户
满意的目标。项目 C8 成员不是代表业务部门参与项目,而是作为项目
组的关键角色,代表项目去拉动功能部门和资源部门开展工作,为项
目服务。一个典型项目的 C8 成员结构(不含项目经理本人),如图 2-3
所示。

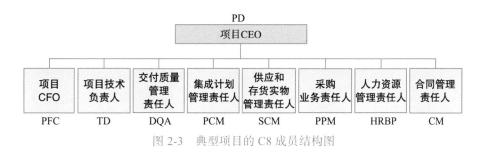

图 2-3　典型项目的 C8 成员结构图

2.1.3 建立项目决策机制

在做好排兵布阵的同时,也需要做好决策与授权管理,与客户的相
应层级沟通和对话。为此,华为按照 GME 模型,建立了以项目指导委
员会为中心的运作与决策机制。

项目指导委员会(Steering Committee)是实现客户和公司双方高层
参与、保持战略对齐与紧密合作的重要组织形式。华为与客户高层共同
管控项目交付,共同对交付中的重大事项进行决策,并解决交付中的重

大问题。项目指导委员会关键成员主要有赞助人（sponsor）和项目主管（owner），其决策机制如图 2-4 所示。

由图 2-4 可见不同层级的沟通和决策方式。

G（governance，战略决策层）：赞助人或项目主管与客户公司 CXO（首席 X 官，客户高层业务责任人）及董事会通过项目高层会议（频率：季度）建立起正常沟通渠道，解决对内、对外高层沟通与决策的问题。

M（management，项目管理层）：项目经理（项目总监，PD）在日常项目运作中与客户的各个业务部门、IT 部门、客户项目经理（项目总监）通过项目管理团队会议形式进行沟通和决策，解决项目运作过程中的升级、变更谈判、投诉等问题。

E（execution，项目执行层）：项目下属各业务小组或者子项目通过与客户对应的子项目团队或者相应的业务人员交流，确保日常项目的执行，包括项目的进度、问题的解决、风险的应对等。

赞助人是项目的主要资源，是使项目能够正常开展和运作的重要前提和保障。针对不同的项目，PMO 负责从项目赞助人资源池中申请和任命合适的项目赞助人。被任命的项目赞助人主要负责审批项目的策略，协调项目交付所需要的关键资源，以及负责管理高层客户满意度，处理客户高层投诉等项目突发事件。

项目主管是项目运作的第一责任人，对客户满意度和项目经营结果负责。项目主管的主要工作首先是管理和监控项目的关键交付风险，依据风险情况审批项目经理提交的风险准备金的使用申请并做出决策；其次，项目主管还要根据项目的交付进度和关键里程碑，在签发的项目预算范围内，逐次对项目经理进行项目预算授予。此外，项目主管还需要处理投诉等突发事件，定期参加项目指导委员会的会议，对项目的关键决策点进行决策，管理客户满意度，以及主动解决项目经理升级的问题。

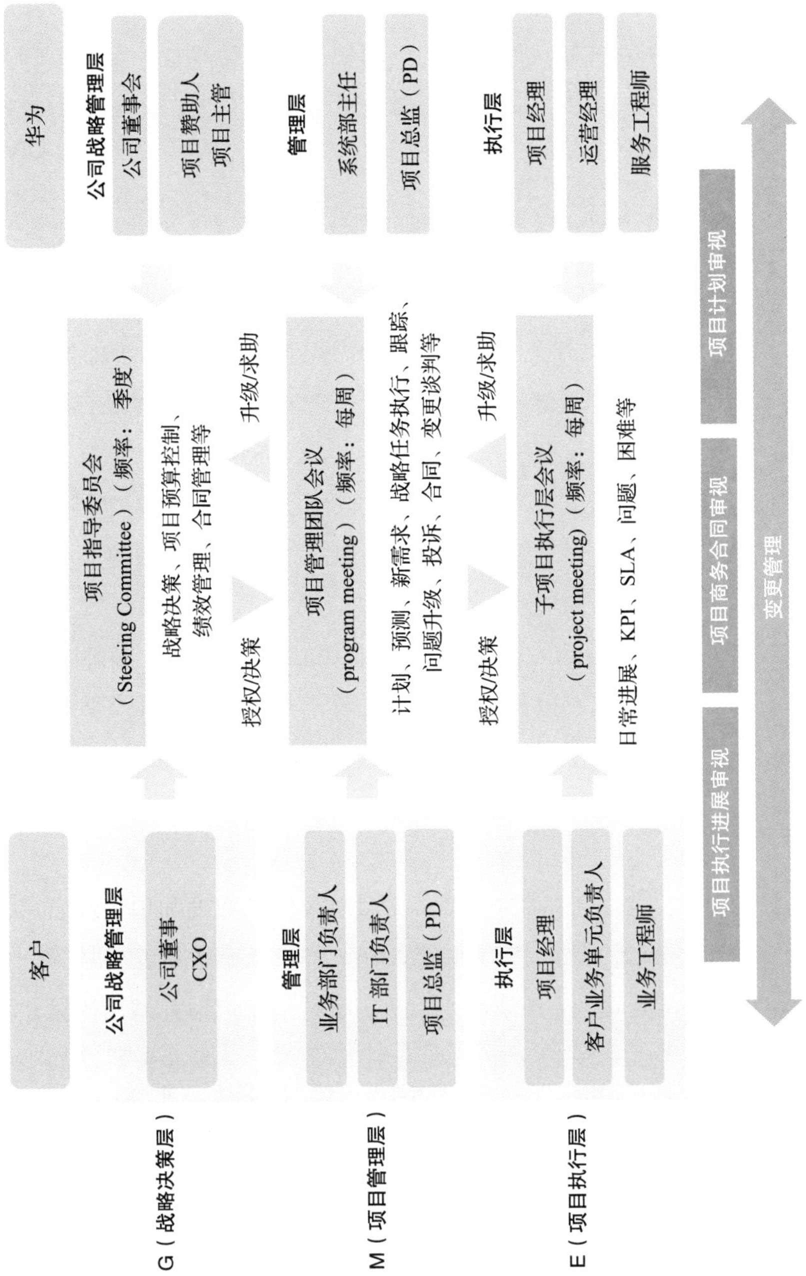

图 2-4 项目指导委员会运作与决策机制

客户

G（战略决策层）

公司战略管理层
公司董事
CXO

M（项目管理层）

管理层
业务部门负责人
IT 部门负责人
项目总监（PD）

E（项目执行层）

执行层
项目经理
客户业务单元负责人
业务工程师

项目执行进展审视　项目商务合同审视　项目计划审视

变更管理

项目指导委员会
（Steering Committee）（频率：季度）
战略决策、项目预算控制、
绩效管理、合同管理等

升级求助

授权决策

项目管理团队会议
（program meeting）（频率：每周）
计划、预测、新需求、战略任务执行、跟踪、
问题升级、投诉、合同、变更谈判等

升级求助

授权决策

子项目执行层会议
（project meeting）（频率：每周）
日常进展、KPI、SLA、问题、困难等

华为

公司战略管理层
公司董事会
项目赞助人
项目主管

管理层
系统部主任
项目总监（PD）

执行层
项目经理
运营经理
服务工程师

35

项目经理要善于利用项目指导委员会运作与决策机制，解决基层组织、周边协同等层面难以解决的关键问题。项目指导委员会运作的关键在于双方要互信、公开，要保证沟通交流频度及双方一把手早期介入支持。

2.2 步步为营，招招制胜

华为每年有成千上万来自五湖四海的项目经理，交付数以万计的项目。规范项目经理的套路和打法，做到来之能战、战之能胜，并且实现能力可接力传承、经验可规模复制，是非常急迫的问题。为此，华为研究借鉴行业内各类项目管理标准，结合自身实践，总结出了从项目启动、规划、执行、监控到关闭整个项目周期内如何"做正确的事、正确地做事、把事做正确"的典型模型、套路和方法（简称项目管理"十八般武艺"），如图 2-5 所示。这些模型、套路和方法都是在实践中结合理论提炼出来并验证过的，也是自成体系、相互关联、开放迭代、可复制的，确保在项目管理过程中正确地启动、正确地使用，并获得正确的结果。

项目启动	项目规划	项目执行	项目监控	项目关闭

做正确的事	正确地做事	把事做正确
① 项目管理模式选择	① 集成计划三循环	① 客户满意度管理
② 干系人管理 "1 + 1"	② 采购管理五要点	② 项目偏差纠正法
③ 项目范围管理三件套	③ 项目四算规则	③ 项目变更管理机制
④ 目标制定 FAST 原则	④ 沟通管理 5R 法则	④ 项目验收 "4321"
⑤ 交付策略 PPVVC 法	⑤ 风险管控三步法	⑤ 成熟度评估 3R9E 模型
⑥ 高效项目团队 GRPI 模型	⑥ 质量管理四阶十二步	⑥ 项目复盘四阶八过程

图 2-5　项目管理"十八般武艺"

2.2.1 做正确的事，六招正确启动

良好的开端是成功的一半。回顾过去三十多年的历程，华为的项目管理负重前行、与时俱进，有成功，也有失败。我们回溯、总结成功的经验及失败的教训，发现正确的项目启动对项目成败具有决定性影响。

华为项目管理提炼出正确启动项目的关键"六招"：项目管理模式选择、干系人管理"1+1"、项目范围管理三件套、目标制定 FAST 原则、交付策略 PPVVC 法和高效项目团队 GRPI 模型。

1. 项目管理模式选择

项目具有多形态特征，不同的客户、不同的产品、不同的交付模式，项目管理模式也不同。华为在实践的基础上，总结提炼出瀑布型、敏捷型和增量型这三种典型的项目管理模式，丰富了其应用场景，如表 2-1 所示。

表 2-1 项目管理模式及应用场景

瀑布型	敏捷型	增量型
时间、范围、预算确定	时间、范围、预算都不确定	时间确定、范围、预算叠加
可预测、前期计划充分	上市时间要求高	从功能、数量划分
一次性执行	快速迭代交付使用	每阶段完成一定的功能

在此基础上，华为依据合同商务约束以及交付场景特点，提炼出项目管理模式的选择方法，使之更具实用性和可操作性，如图 2-6 所示。

由此可见，项目管理模式是由交付场景特点、合同商务约束、客户需求等因素决定的。项目管理模式的差异直接影响交付策略、团队组建等，也会影响项目执行的质量和效率，最终影响项目结果。

2. 干系人管理"1+1"

"事成人爽"一直是华为项目管理追求的目标和境界，同时，"人爽事成"也已经成为华为项目管理的一个基本认知。项目干系人具有层级高、人数多、工作生活习惯及宗教信仰多样化等特点，因此，做好干系

人管理就显得尤为重要，我们总结了"1+1"方法，即"规划 + 管理"。

合同 商务 约束	• 固定总价 • 验收对准进度与质量 • 回款对准验收	• 收入分成 • 对准价值，可能没有验收 • 回款涉及商业计划	• 平台/基线 + UC • 验收对准功能 • 回款基于平台 + UC
交付 场景 特点	• 需求明确，资源大规模集结 • 围绕进度/质量/成本和明确的项目活动开展项目管理	• 以价值驱动而需求不明确，超多次、少量快速交付（UC1→N） • 新商业模式设计难 • 商业价值实现路径不确定	• 需求相对明确，多次、小批量交付（UC 0→1） • 三方集成、捆绑验收，交付方案与进度受此影响而制约价值呈现
项目 管理 模式	瀑布型 ////////	敏捷型 △△△→	增量型 ++++ +++ ++→

图 2-6　项目管理模式的选择方法

（1）规划。一般来说，项目干系人是指影响项目决策、活动或结果的个人、群体或组织，以及受项目决策、活动或结果影响的个人、群体或组织。项目干系人的构成，如图 2-7 所示。

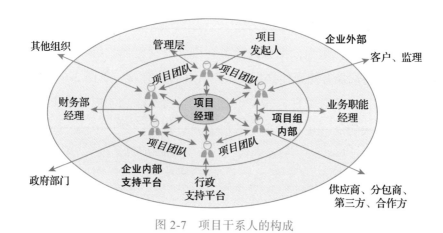

图 2-7　项目干系人的构成

围绕项目，通过绘制组织结构图和干系人构成图，明确项目各个层级的关系，尽可能完整地识别干系人，避免出现纰漏。

基于决策链的关键干系人识别，如决策批准者、决策者、决策支撑者、评估者、决策影响者，可以概括为 ADSEI，如图 2-8 所示。

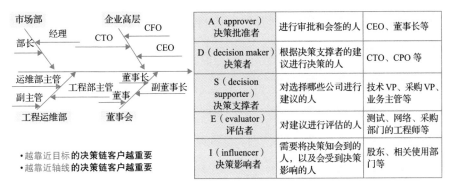

图 2-8　基于决策链的关键干系人识别

干系人及关键干系人识别后，为干系人管理提供了对象和目标，也清楚了他们的需求和期望，尤其是关键干系人，越靠近目标的决策链客户越重要，越靠近轴线的决策链客户越重要。

（2）管理。在项目实践中，按照 GME 模型对干系人进行分类，形成分层分级管理，可以达到高效管理干系人的目的。按照 GME 模型分类的不同层级干系人管理方式，如图 2-9 所示。

图 2-9　不同层级干系人管理方式

诸多项目实践表明，干系人往往左右着项目的成败，正所谓“成也干系人，败也干系人”。因此，在识别和分析项目干系人时一定要搞清楚，“谁”支持，“谁”反对，“谁”决策，“谁”参与，和“谁”做，为“谁”做。项目干系人管理，本质上就是平衡各方干系人的利益，以获得尽可能多干系人的支持，保证项目的成功。

3. 项目范围管理三件套

在项目启动时，“人”和“事”是重中之重。干系人管理回答了“人”的问题，项目范围管理的对象就是“事”，它是对项目所期望的最终产品和可交付成果，以及为实现可交付成果所需的各项具体工作的简明描述。基于此，华为开发了项目范围管理三件套，即通过 BSA［basic（基本），satisfied（满意度），attractive（兴奋型）］需求分析支撑定义可交付成果，通过解决方案生成方法支撑定义工作结构分解，以及通过三方视图支撑定义项目责任矩阵。

（1）通过需求 BSA 分析支撑定义可交付成果。可交付成果是项目范围管理过程中首先需要明确的，也是从需求管理开始的。项目范围管理定义的可交付成果包括硬件产品（主设备和配套产品）、软件产品（软件应用版本、数据库软件、操作系统等）、服务产品（咨询、项目管理、培训、维保等）。支撑可交付成果定义的 BSA 分析是在需求管理中普遍采用的，如图 2-10 所示。

项目需求	
B（basic） 基本需求（核心业务功能和特性）	优先满足，突出优势
S（satisfied） 满意度需求（增值或附加业务）	按照实际情况处理
A（attractive） 兴奋型需求（少数特定场景的需求）	优先级靠后，差异化处理

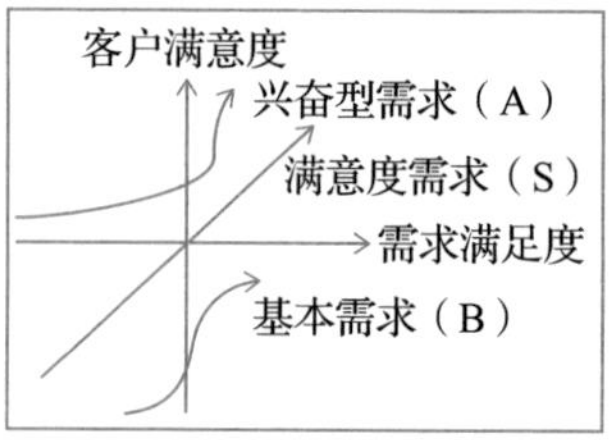

图 2-10　项目需求管理的 BSA 分析

从图 2-10 可以看出，项目可交付成果的核心功能和特性是客户的基本需求，基本需求没有满足的话，客户是不能接受的；增值或附加业务关乎客户满意度，其越多客户越高兴；少数特定场景的需求可以激发客户的兴奋型需求，引导和满足这类需求可以进一步提高客户满意度，并影响客户的购买欲望。

■ 案例

BSA 模型管理客户需求

2019 年某客户为响应 5·17 世界电信日，提出一系列的增值服务需求，邀请了华为等厂家进行投标。由于时间紧、需求多，其他厂家均表示无法在规定的时间内完成交付工作。华为按照 BSA 模型对需求进行分类排序，给该客户提交了分批次交付的计划。

最后该客户的负责人说了一句话："其他厂家都是要我们砍需求，只有华为告诉我们应该怎么砍需求。"该客户 BSA 需求分析如图 2-11 所示。

图 2-11　客户 BSA 需求分析

（2）通过解决方案生成方法支撑定义工作分解。工作分解结构（WBS）是解决方案结果的体现。解决方案是针对某些已经出现的或者根据现状预测未来可能出现的问题和需求，提出的一个解决整体问题的建议书或计划表，如图 2-12 所示。

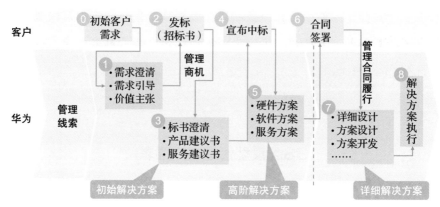

图 2-12　解决方案生成方法

在客户发标书前，华为参与客户初始需求的梳理工作；客户发标书后，提供初始的解决方案，包括产品和服务建议书；客户宣布中标后，开展与客户侧的高阶需求调研活动，主要是确定业务流程、主要的功能点，以保证在项目范围上不产生大的偏差；签署合同后，华为与客户侧开展详细的需求调研，形成需求规格书，以便后续开展交付工作。

（3）通过三方视图支撑定义项目责任矩阵。有了可交付成果和工作分解后，谁来做、什么时候做就很重要。项目责任矩阵就是解决谁来做的问题。项目责任矩阵包括：A（accountable），谁批准；R（responsible），谁负责；S（support），谁支持；C（consulted），咨询谁；I（informed），通知谁。

为了更直观具体地界定责任范围，华为提炼出三方视图，如图 2-13 所示。

三方视图，定义了全流程各工作责任主体及相互关系。通过三方视图，可以更加全面地界定责任分工。

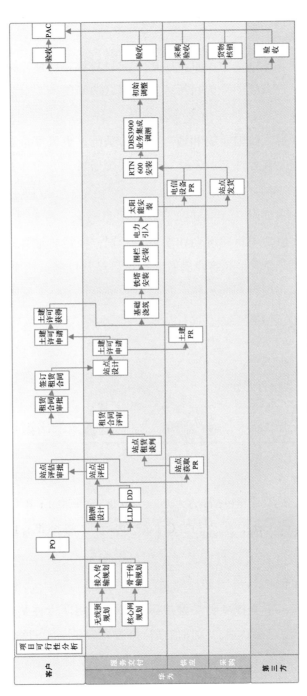

图 2-13　三方视图实例

4. 目标制定 FAST 原则

项目经理要能够基于项目范围确定项目目标。任何一个项目都必须有明确的目标，有了明确的目标才能够制订清晰的项目计划，各项工作才能有序开展。项目目标是决策的基准，是一切项目工作的行动指南，是项目经理获得人、财、物和适当授权的基础，也是度量项目成功的标准。项目经理尤其要注意，不能一味地低头做事，一定要抬头看"路"，所有行动都要对准项目目标。

项目目标主要分为项目进度目标、项目质量目标和项目经营目标。项目进度目标包括项目总工期和项目主计划；项目质量目标包括可交付件质量、项目管理质量和客户满意度；项目经营目标包括项目收入目标、项目成本目标和项目利润目标。目标制定遵循的 FAST 原则，如图 2-14所示。

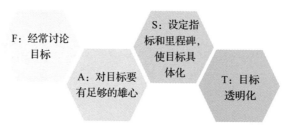

图 2-14　目标制定 FAST 原则

F（frequently disscussed）：经常讨论目标。项目经理在日常工作中要与团队不断审视项目目标，评估项目资源情况，对项目目标进行优先级排序，根据项目进展和反馈对项目目标进行适当调整与优化。这样做的好处有：①支撑项目关键决策；②确保团队专注最重要的工作；③确保团队专注目标达成；④评估项目进展并做出必要的修正。

A（ambitious）：对目标要有足够的雄心。项目经理要制定有一定难度又不是不可能达成的目标。这样做的好处有：①鼓励团队成员经过努力达成目标；②降低团队达不成目标的风险；③激励团队寻找更好的方法以确保目标达成。

S（specific）：设定指标和里程碑，使目标具体化。制定清晰明确的项目目标和里程碑，督促团队共同努力达成目标。这样做的好处有：①帮团队成员澄清项目目标；②迅速识别和发现影响项目目标达成的问题和风险，并着手解决和应对；③督促团队达成目标。

T（transparent）：目标透明化。项目目标要公开、公正、客观地在全体项目组呈现，这既是压力也是动力。这样做可以使团队成员共同努力达成目标，给团队成员展示每个人对于目标达成的价值，让团队成员理解项目目标，确保项目目标清晰、客观。

制定项目目标过程中通常存在如下问题：目标太笼统，没设置指标；只定性没定量，不可衡量；制定过程中没有充分沟通，没有达成共识；太长远，很难评估与控制；太激进，难达到；目标之间没有关联或者相互矛盾等。

为了规避目标制定的问题，在考虑客户期望、组织收益、解决方案、客户合同和项目范围等的基础上，遵循 FAST 原则，采用"ABC"方法制定项目目标：A（achievable），目标对齐；B（break-down），目标分解；C（commitment），目标承诺。

（1）目标对齐。项目经理要针对前期收集到的项目目标信息，在客户、项目内部、第三方（合作方 / 分包商）等分层分级地进行目标对齐，确保目标可以达成，从而得到客户的预算支持、项目成员及其他相关干系人的认可、第三方的支持。

（2）目标分解。项目目标对齐后，就要将项目目标进行分解。分解项目目标需要掌握 4 个原则：上下一致、资源保障、相互协调、平等尊重。

（3）目标承诺。目标承诺是项目各方责任人对自己工作任务的承诺，以及对项目目标达成的承诺，相互锁定、相互监督、相互协调，确保项目目标的达成。

5. 交付策略 PPVVC 法

"策略"即设定目标并制定达成目标的途径，可以说它是实现目标的方案集合，是根据形势发展而制定的行动方针和斗争方法。项目交付策略是项目的导航系统，是达成项目目标的主要路径和方法，是指导制定项目计划与实施方案的原则和行动方针。

在项目规划阶段，项目经理需要组织合同经理、采购经理、技术总监、供应链经理、质量工程师、项目人力资源经理针对项目分别制定交付策略，包括合同策略、技术策略、采购策略、供应策略、质量策略、人力资源策略。交付策略的团队构成和制定流程如图 2-15 所示。

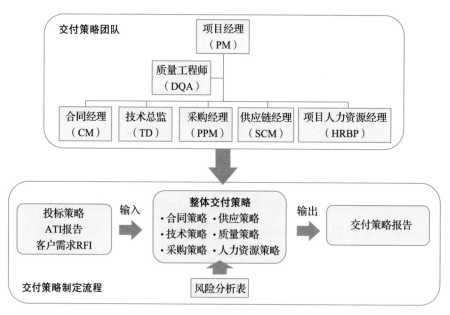

图 2-15　交付策略的团队构成和制定流程

交付策略制定通常采用 PPVVC 法：P（pain），识别客户痛点，对准项目目标；P（power），评估自身交付能力，识别能力水平；V（vision），以双赢、长期伙伴关系为愿景；V（value），关注客户、企业、伙伴的商业诉求，帮助实现他们的商业价值；C（control），管控项目目标达成和风险，如图 2-16 所示。

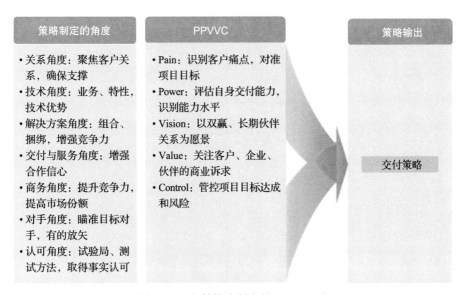

图 2-16　交付策略制定的 PPVVC 法

从图 2-16 可见，交付策略要从客户关系、技术、方案、交付与服务、商务、对手、客户认可等角度综合考虑。通过评估客户业务痛点对准项目目标，依据自身交付能力，以与客户建立长期伙伴关系为愿景，关注客户、企业、伙伴的商业诉求，在管控项目风险、确保项目目标达成的情况下，制定相应的交付策略。

6. 高效项目团队 GRPI 模型

项目团队的特点是有共同目标，能分工合作，可技能互补，对彼此负责以及遵守一致规则。为了保证项目成功交付，打造高绩效的项目团队，华为提出"建设一支有使命感、负责任、有能力、愿奉献的生力军，为人类社会做出更大的贡献"。高效项目团队的 GRPI 模型如图 2-17 所示。

图 2-17　高效项目团队的 GRPI 模型

在图 2-17 中，G（goal）：项目目标是否清晰和一致，即团队是否理解和接受公司希望实现的目标，以及如何实现它。R（roles and responsibilities）：团队每个成员的角色和职责是否清晰，如果团队没有分配明确的角色，职责重叠或界限不明确，就可能引发相互指责和冲突。P（process）：公司流程是否有效地支撑团队目标，如果流程无效，可能会导致成员之间的冲突和人际关系问题。I（interpersonal relationships）：项目组人际关系是否具有开放沟通和反馈支持的良好工作环境，为了实现目标，团队保持健康的工作环境很重要。

项目经理打造高效项目团队主要需要从团队发展、问题诊断两个方面着手。

（1）团队发展。打造高绩效团队的过程是动态的，项目经理通过提高团队成员工作能力、促进团队成员间互动和改善团队工作氛围，来提高项目绩效的过程就是发展团队。团队发展的 4 个阶段如图 2-18 所示。

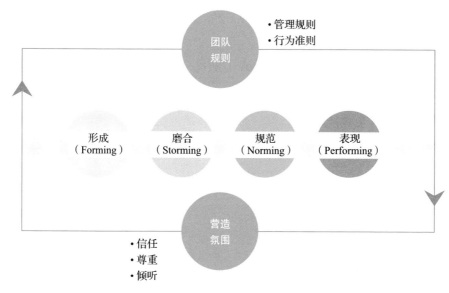

图 2-18　团队发展的 4 个阶段

从图 2-18 可见，发展团队概括为团队形成、团队磨合、团队规范和团队表现 4 个阶段。

1）团队形成。在团队形成前进行组织结构设计，通过对资源的整合和优化，确立项目团队最合理的管控模式，以实现团队资源价值最大化和团队绩效最大化。同时，需要制定团队的发展目标并及早规范团队规则，明确项目各角色的职责，确保每个人所分管任务目标的实现，并促进项目团队绩效的提高。

2）团队磨合。在团队磨合时要能够建立团队的共同目标，增强团队凝聚力，调动团队成员的积极性。

3）团队规范。项目团队进一步发展到规范运作阶段后，沟通与协作将占据更重要的地位，团队领导应树立良好的个人形象，同时建立良好的团队沟通方式，更好地激励团队成员，营造良好的团队氛围。

4）团队表现。团队成员共同制定更高、更具挑战性的目标，同时帮助团队成员制订其个人的发展计划，使团队成员认识到团队的价值和自身的价值。

团队发展过程中通过制定团队规则（包括制定项目管理规则、团队成员行为准则等），持续营造团队氛围（包括信任员工、尊重员工、倾听员工等），不断激发团队活力，提升团队整体战斗力，建设一支高绩效团队。

（2）问题诊断。项目经理在建设高绩效团队的过程中，需要对团队中出现的各种问题及时进行识别和诊断，尤其是团队在发展过程中不可避免地会由于想法不一致、沟通不畅、计划变更等产生冲突，解决冲突时要兼顾人际关系和决策两个方面，采取对应的策略，如图 2-19 所示。

图 2-19　团队冲突的解决方式

2.2.2　正确地做事，六招正确执行

项目在正确启动后，为确保能够得到正确的执行并达成项目目标、实现项目价值，华为总结出了正确执行的关键六招：集成计划三循环、采购管理五要点、项目四算规则、沟通管理 5R 法则、风险管控三步法和质量管理四阶十二步。

1. 集成计划三循环

"凡事预则立，不预则废"，想要正确执行，关键在于计划，良好的计划可以使公司以较低的成本支出支持有效益的增长。计划的目的是对项目的有限资源进行优化配置和使用。项目集成计划模型是从客户视角，整合项目各专项计划，指导项目实施，以确保项目目标达成的统一的计划模型，如图 2-20 所示。

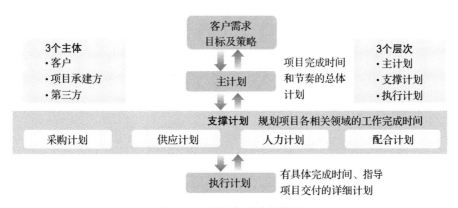

图 2-20　项目集成计划模型

项目集成计划模型由主计划、支撑计划和执行计划 3 个层次，以及客户、项目承建方和第三方 3 个计划主体构成，总结为"1+4+1"，即 1 个项目主计划、4 个项目支撑计划（包括采购计划、供应计划、人力计划、配合计划）和 1 个执行计划。

在三层集成计划的基础上，关键要做好循环，这就是集成计划三循环，如图 2-21 所示。

循环 1：主计划与客户需求匹配。客户需求作为目标分解到主计划，主计划关键里程碑反映客户工作目标，满足客户需求。

循环 2：主计划与支撑计划匹配。主计划目标分解到各支撑计划，并依据各支撑计划的资源供应能力修正主计划，调动人、财、物，高效准备。

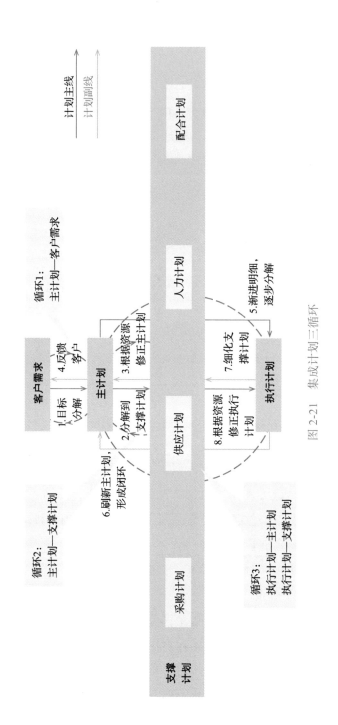

图 2-21 集成计划三循环

循环 3：执行计划与主计划、支撑计划匹配。主计划逐步分解成可执行的详细计划，并根据支撑计划的资源修正执行计划，滚动刷新，循环递进。

在集成计划三循环实践中，华为总结出"一吃二夹三看"战法。一吃是"吃着碗里的"：对于当前正在执行的计划，必须保证准确无误；二夹是"夹着锅里的"：对于近期即将执行的计划，确保衔接妥当，资源与客户配合无缝对接；三看是"看着地里的"：对于中长期计划，确保总体计划预测可行，确保进度风险可控。

2. 采购管理五要点

在全球项目执行过程中的很多场景是由合作伙伴来完成的，采购管理显得尤为重要，因为它不但影响项目的工期、成本和质量，而且还有可能涉及合规问题等。采购管理五要点包括采购需求、采购策略、合作选择、采购履行和绩效评估，如图 2-22 所示。

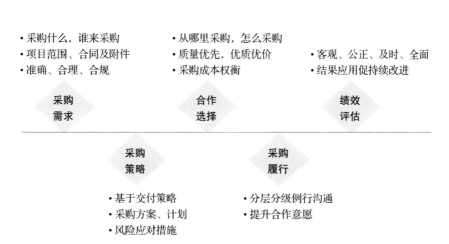

图 2-22 采购管理五要点

（1）采购需求：参照项目范围、合同及附件，确保采购范围准确、合理、合规。

（2）采购策略：基于交付策略制定采购方案及计划，重点关注合作份额分配、区域选择等。

（3）合作选择：制定采购策略，选择从哪里采购，关注选择标准，比如技术打分、商务打分，质量优先还是价格优先，质量和成本进行平衡等。

（4）采购履行：定期互访，建立良好的互动关系。

（5）绩效评估：过程考核、结果考核，持续改进。

针对项目执行过程中与合作伙伴可能产生的各种问题，华为总结出问题处理的原则：尊重合同，坦诚相待，平衡项目与合作方的利益，以伙伴视角处理双方冲突。

3. 项目四算规则

通常情况下，项目经理有了项目计划和采购需求后，就要重点考虑如何做好项目经营，因为项目经营是项目成功的关键要素。华为从实践中提炼出一套完整的项目经营管理方法，即初期定基线、中期精细管理、尾声总结复盘的项目四算规则，在此重点介绍项目四算。

项目四算包括概算、预算、核算和决算，其核心要点和规则如图 2-23 所示。

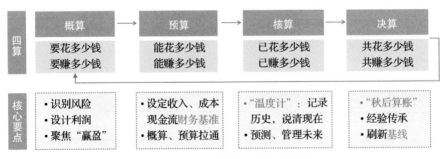

图 2-23　项目四算核心要点和规则

（1）项目概算，即要花多少钱、要赚多少钱。根据项目规划，计算该项目需投入多少资源，花费多少成本，组织层面的专业评审团队从解决方案、假设风险、基线经验等多个维度来评审资源投入的合理性；同时，在清楚和明确花多少钱的基础上，组织层面的决策团队基于盈利考核，要求该项目要赚多少钱。

（2）项目预算，即能花多少钱、能赚多少钱。项目经过评审后，组织层面的决策团队根据经营管理需要，比如利润目标、基线改进、效率提升等需求，授予项目的预算包（成本）。同时，为实现目标需要做好假设风险管理，制定经营管理措施，并与授权方白纸黑字画押，签署合同书。

（3）项目核算，即已花多少钱、已赚多少钱。从项目交付开始到今天已投入若干资源，客户验收若干工作项，需要进行阶段性总结，明确截至当前已花了多少钱、已赚了多少钱，并且和当时预算进行对比，看已花的钱对应的进度是否与之匹配，是否有超支；已赚的钱是否开票和颗粒归仓；发生的成本是否在契约范围内，是否超出合同界面。

（4）项目决算，即共花多少钱、共赚多少钱。项目交付验收完成，客户业务目标达成后，再核算项目共花了多少钱、共赚了多少钱，并对标当初的预算和概算，审视当时所定经营目标是否实现，并进行复盘分析。

4. 沟通管理 5R 法则

正确的沟通方法犹如润滑剂，可以帮助项目团队成员实现有效沟通和高效协同。在项目实践中我们总结和提炼出项目沟通管理 5R 法则，即项目团队成员在正确的时间、正确的地点，利用正确的方式，和正确的对象沟通正确的内容，如图 2-24 所示。

图 2-24 沟通管理 5R 法则

利用沟通管理 5R 法则，开好项目开工会，即在项目全面开工前（正确的时间），邀请关键干系人参会，包括客户主要负责人、公司相关高层，以及项目组核心成员和必要的合作伙伴领导（正确的对象）。会议地点优先选择客户方会议室或者项目实施涉及的关键场所（正确的地点）。在开工会上，通过干系人的相互讨论（正确的方式），进一步理解项目的背景及意义，明确项目范围，确定项目组成员的职责和分工，制定科学合理的项目目标及项目计划，并就目标、流程、运作、计划和风险等问题达成共识（正确的内容）。

在项目执行过程中，我们也总结出"一会一报一表"方法，来更好地进行项目内外部的管理沟通。

（1）"一会"，泛指项目例行会议，如项目内部周例会、与客户的周例会、每日晨会等。会议的目的是实现对项目现状的审视、问题的解决、计划的安排及任务的协同。开好会议务必要做到：会前准备充分，会中促成决议，会后跟踪闭环。

（2）"一报"，泛指项目汇报，包括向客户高层汇报，向项目赞助人汇报，以及向周边部门协同求助等。汇报的目标主要包括关键目标价值的对齐，进展通报，重要任务求助，重大问题升级、决策等。做好汇报需要注意如下几点：①想清楚，即管理层诉求是什么，项目诉求是什么，如何进行快速说服；②写重点，即针对汇报对象的利益与期望描写，统一语言和用词；③讲明白，即把握汇报节奏，给出多个可供选择的方案，实时调整汇报的策略和语言。

（3）"一表"，泛指项目使用的"管理跟踪三套表"，包括任务管理表、风险管理跟踪表、问题管理跟踪表。使用跟踪表的目的是实现任务、风险、问题注册，过程记录，以及闭环管理。管好三套表需要做到两个循环：一是从风险跟踪到问题跟踪，再到任务跟踪，确保风险问题闭环；二是从内部例会到客户例会，再到高层汇报，各环节协同管好关键问题风险。

5. 风险管控三步法

"未雨绸缪早当先，居安思危谋长远。"在项目执行中一定会遇到各种风险，及时果断地识别和处理好各种风险，做到有备无患，才能使项目如期进行并达成目标。华为在实战中提炼出风险管控三步法：风险识别、风险分析、风险应对与监控。

（1）风险识别。风险识别是指在风险事故发生之前，运用各种方法系统地、连续地识别所面临的各种风险，分析风险事故发生的潜在原因。风险识别有四大方法：一是通过风险库进行智能匹配识别；二是项目组头脑风暴形成；三是专家判断；四是过程审视，包括计划与实际偏差分析、计划与预测分析，以发现问题。

（2）风险分析。风险分析是指在分析既有风险损失资料的基础上，运用概率论和数理统计等方法，对特定风险事故发生的损失概率和损失程度做出评价分析，为风险管理决策提供依据。通常可从风险发生的可能性、风险影响程度两个维度进行风险的分析与评估，将风险进行分类（高、中、低），并例行审视，重点规避高风险，制定措施应对和持续监控中低风险。

（3）风险应对与监控。风险应对与监控是指项目组在风险识别和分析的基础上，针对所面临的风险，合理选择风险管理工具或方法，降低

风险发生的可能性和风险影响程度，以实现风险管理目标，如图 2-25
所示。

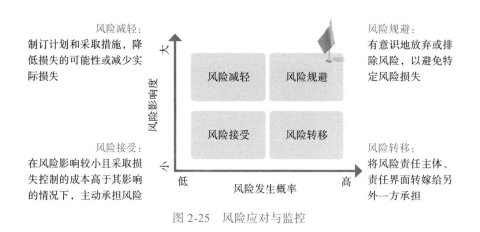

图 2-25　风险应对与监控

华为在实际风险管控三步法的实际运用中，提炼出如图 2-26 所示的
项目风险管理策略。

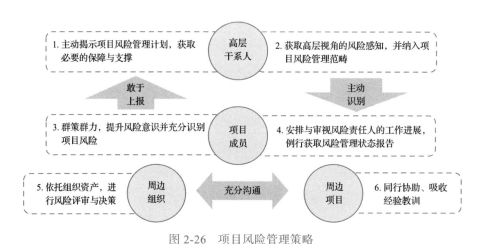

图 2-26　项目风险管理策略

从图 2-26 可以看出，华为对项目风险的关键管理策略包括：①风险

管理策略确保是项目经理视角的，是完整的和全局性的；②风险管控要贯穿于日常的项目执行，要主动识别风险并敢于向高层汇报，以获取关键干系人的风险感知和支持；③针对关键风险项，在识别、分析和应对的过程中，各项目成员需要明确自己的职责，群策群力，并例行审视和刷新；④他山之石可以攻玉，项目成员要善于利用周边的组织和项目获取知识资产（同行协助），以提升风险识别和应对的能力。

6.质量管理四阶十二步

华为在质量管理中倡导"以小见大，构筑质量堤坝，让华为服务成为 ICT 行业高质量代名词"。质量管理就是要确保项目为客户提供的服务和产品"符合要求"，其目的主要是在提高客户满意度的同时，一次性把事情做对，降低项目运营成本。为此，我们提炼出质量管理四阶十二步，全面有效地管理好项目质量。

质量管理四阶十二步是指项目质量管理可以分为 4 个阶段和 12 个步骤，如图 2-27 所示。

质量规划	质量保证	质量控制	质量评估
• 确定质量责任体系 • 解读与理解质量声音 • 确认质量标准	• 定义关键控制点 • 适配集成计划 • 适配验收标准 • 适配客户流程 • 小规模验证（按需）	• 过程质量控制 • 验收质量控制	• 质量结果评估 • 质量改进

图 2-27　项目质量管理的四阶十二步

第一个阶段质量规划，包括 3 步：

（1）确定质量责任体系，即在项目团队中，确定质量负责人以及相关职责。

（2）解读与理解质量声音，即获取关键干系人对项目质量的期望和需求，解读标书/合同需求等。

（3）确认质量标准，即质量验收标准必须与客户标准适配并得到客户确认，签入合同补充条款；签入分包商质量协议。

第二阶段质量保证，包括5步：

（1）定义关键控制点，即在集成计划的交付关键点，与合作方明确质量检查的关键活动，并明确质量报告形式和标准。

（2）适配集成计划，即将质量活动融入集成计划。

（3）适配验收标准，制定验收标准并推动华为、客户和合作方就验收流程达成一致，在流程中明确流程界面、审批周期、质量标准、验收文档，做到"三拉通"。

（4）适配客户流程，即与客户达成流程适配共识，合作各方共同参与，在流程中明确流程界面、质量标准、验收文档。

（5）小规模验证（按需）。建设示范点，小规模给客户展示交付成果。小规模验证是对交付流程、质量标准、验收文档、交付资源进行澄清与确认。

第三阶段质量控制，包括2步：

（1）过程质量控制，即通过现场作业控制、业务流程遵从、问题管理与升级、奖惩措施等关键活动进行过程控制。

（2）验收质量控制，即通过合作完工自检、批次抽查或者全检、现场或远程方式进行验收控制。

第四阶段质量评估，包括2步：

（1）质量结果评估，即组织关键干系人对项目质量结果进行评价，并对干系人提出的问题进行闭环管理。

（2）质量改进，即针对质量目标进行复盘，形成质量改进总结报告。

为了更好地践行四阶十二步，华为在实操中明确，项目经理是质量第一责任人，项目关键角色 TD（技术总监）负责质量标准制定，IM（实施经理）负责标准执行，DQA（交付项目质量工程师）负责质量保证，如图 2-28 所示。

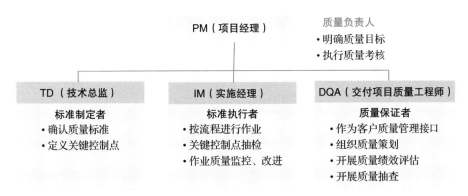

图 2-28　项目经理是质量第一责任人

2.2.3　把事做正确，六招正确结果

项目在正确启动和执行的情况下，为保证项目交付的结果符合干系人的预期，华为在实践中总结提炼出了获得正确的结果的关键六招：客户满意度管理、项目偏差纠正法、项目变更管理机制、项目验收"4321"、成熟度评估 3R9E 模型和项目复盘四阶八过程。

1. 客户满意度管理

公司在 2021 年关于加强质量和客户满意度管理的决议中谈到，要通过"双轮驱动"，建立客户满意度管理的良性循环和长效闭环机制。一个轮子是通过客户满意度调查，不断地发现问题；另一个轮子是针对调查揭示的问题，系统性改进闭环。对客户满意的考核不能只看得分，更要关注客户的问题是否得到解决；同时也要基于自身实际能力，管理好客户的期望。

客户是很重要的项目干系人，从客户需求出发来分析问题和制订行动方案才能提高客户满意度，为此华为总结出了客户满意度评估方法，如图 2-29 所示。

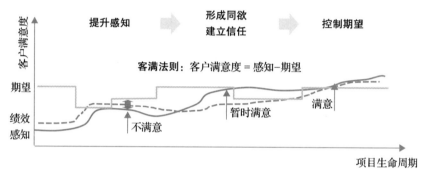

图 2-29　客户满意度评估方法

由图 2-29 可以看出，客户满意度 = 感知 − 期望。

客户满意度一般分三种情况：感知小于期望，客户不满意；感知基本符合期望，暂时满意；感知超过期望，客户满意。

管理客户满意度，即主要管理客户的期望，及时有效地和客户沟通，提升客户的感知。客户满意度管理包括期望管理、感知管理和满意度评估，如图 2-30 所示。

管理客户期望的方法主要有三种：一是做好铺垫，向客户揭示并说明项目进行过程中可能出现的风险并达成共识，形成预案；二是缓和矛盾，通过客户的真实体验来增加客户信心，为团队争取空间，同时可将客户的需求分级，变"不可能"为"可能"；三是合同谈判，在与客户谈判的过程中灵活应对、换位思考，减少被拒绝的理由，坚定客户信心。

客户感知管理的方法也主要有三种：一是向客户展示团队的组织能力、工作态度以及团队绩效，使客户对团队综合能力有足够的信心；二是落实两个"一"，即一个团队、一个目标；三是建立客户与团队之间的信任，把客户变成朋友。在与客户沟通的过程中，要用客户"听得懂"的商业语言和结果语言进行沟通，避免过多的技术语言和过程语言，要把客户关心的事做好，传递正向态度，互利共赢。

期望管理	第 1 步：正确理解客户期望	我们看到的客户期望，往往只是"冰山一角"，要发掘"海下冰山"
	第 2 步：管理客户期望	基于我们的业务目标，提升或降低客户的期望，客户期望随时间不断变化
感知管理	第 1 步：把事情做好	把客户关心的事情做好，"绩效"是感知的基础，仅靠交流是不够的
	第 2 步：及时有效地和客户沟通	感知可能高于绩效，也可能低于绩效，还取决于客户沟通；仅"埋头苦干"不够
满意度评估	第 1 步：阶段性地对客户满意度结果进行评估	阶段性地对客户满意度状态进行评估，评估的目的是获取真实的满意度状态
	第 2 步：对调查发现的问题进行改进	对调查发现的客户问题进行改进

图 2-30　客户满意度管理

客户满意度评估，除了日常管理好客户的期望和感知，还应该定期做客户满意度调查来了解客户满意度的现状，并找到改进点。目前公司客户满意度调查方法主要有两种。一是第三方满意度调查，即委托第三方顾问公司对华为客户开展的满意度调查。第三方满意度调查结果较客观，调查维度较全面，能看出和对手的差距。二是业务满意度评估，即邀请客户参与对公司业务的满意度评估。这种方法操作起来比较简单，能及时发现客户的不满，而且客户在参与评估过程中传递出来的抱怨和不满也往往比较真实。

2. 项目偏差纠正法

在项目运作过程中，由于内外部环境等多种因素的变化，项目在执行过程中经常会出现一些问题，而且通常从任务与活动层级开始。引起这些问题的主要原因有：计划不合理，无法落地；认知偏差，执行不到位；干扰与变化，打乱节奏。如果不能及时解决，问题就会逐步扩散，最终导致计划失控。

为了防止项目的执行偏离最初的计划，项目经理需要对资源、进度、成本、范围和质量加强管理，及时发现并收集偏差信息，进而采取措施对其进行控制和纠偏，保证项目目标的实现。项目执行过程中问题发生的时间和影响程度如图 2-31 所示。

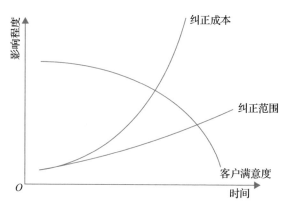

图 2-31　项目执行过程中问题发生的时间和影响程度

由图 2-31 可以看出，项目刚开始时发现偏差的影响相对较小，但随着时间的推移，纠正影响的范围增大，纠偏的难度和成本显著增加，客户满意度降低，因此对于发生的问题，要做到早诊断早"治疗"。

以进度控制为例。对于进度可能产生的偏差，要制定相应的流程并明确责任人进行防范和控制，如图 2-32 所示。

由图 2-32 可以看出，对进度可能产生的偏差先内部达成一致，与客户确认后再执行，关键步骤要有明确的计划完成时间。

发现偏差越早，纠正代价越小。基于偏差发生的时间，建议纠正措施如下：

- 偏差发生一周时：赶工。
- 偏差发生二周时：赶工＋快速跟进。
- 偏差发生三周时：内部变更＋外部预警。
- 偏差发生四周时：外部变更＋客户安抚。

基本流程	项目经理	项目成员	客户项目组
信息获取	√	√	√
信息整理	√	√	—
偏差识别与分析	√	√	—
制定和执行纠正措施	√	√	√
进展评审	√	√	√
与客户确认并刷新计划	√	—	√

图 2-32 进度偏差控制流程

通常，我们采用图 2-33 所示的方法对失控的任务进行偏差识别和纠正，从而改变任务失控的状态。

3. 项目变更管理机制

项目变更管理是指项目组织为适应项目运行过程中与项目相关的各种因素的变化，保证项目目标的实现而对项目计划进行部分或全部变更，并按变更后的要求组织项目实施的过程。

项目常见变更主要包括工期变更、预算变更、方案与范围变更、干系人变更，可分为正向变更和负向变更。正向变更可以帮助项目组扩大运作空间，缓解交付压力，达成项目商业目标，提升客户满意度并引导出新的机会点，提升项目盈利；负向变更则可能导致项目范围蔓延、管理失控、目标受挫以及成本增加等一系列问题。

图 2-33　偏差识别与纠正方法

华为在长期实践中总结出项目变更管理机制和流程，包括项目经理要与客户建立项目变更控制委员会（change control board，CCB），如图 2-34 所示，以及项目变更控制流程（change control process，CCP），如图 2-35 所示。

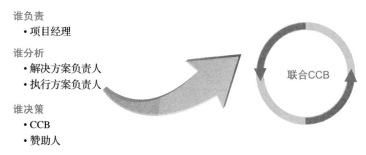

图 2-34　项目变更控制委员会

在项目初始阶段，项目变更管理面临一系列挑战，包括流程遵从意识薄弱、问题与变更定性困难、变更价值挖掘与引导不足等。为了更好

地应对项目变更，项目经理必须掌握项目变更的基本方法和技巧，遵循
变更流程，把握项目变更矩阵，使项目变更朝着正面积极的方向发展。

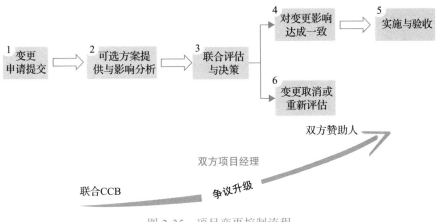

图 2-35　项目变更控制流程

在思想层面，项目经理需要提前铺垫，持续对项目成员及相关干系
人灌输变更理念。理念包括初期要有定义，过程中要进行细化，以及认
同观念、培养习惯，从而形成惯例。

在操作层面，项目经理需要规范运作，同时采取灵活措施，包括规
范操作过程，保持书面记录，以及通过多种形式（如交换、免费等）来
实现变更申请。

在组织内部，项目经理需要用好干系人，与其对齐策略，保持对客
户期望值的观察，并在必要时及时预警，在重大变更场景下与相关组织
联动。

面向客户时，项目经理则需要寻找契机，以质量为先，寻求高层介
入，提出合理诉求。尤其是首次变更申请时，必须通过规范运作取得成功。

项目经理在提出变更时，需要综合考虑客户变更的商业目的和诉求，
聚焦客户高价值的变更，衡量变更是否会影响项目的主计划，组织团队讨

论建议方案及其相应代价，确定替代方案并与客户达成一致后投入实施。

针对项目变更，项目经理要做到三看：一看基准，即合同范围、需求说明书；二看惯例，即同类业务或产品、类似区域或市场；三看过程，即客户沟通邮件、历史承诺、会议纪要等。

4.项目验收"4321"

验收是合同双方按照合同约定的流程及标准，对履约方所交付的产品和服务进行确认的活动，也是触发开票与回款的关键里程碑之一。

验收前，首先要明确验收的目的与原则。对客户来讲，验收目的是完成成果交付和所有权转移；对项目团队来讲，验收目的包括履约确认和开票触发。验收原则主要有两个：一是消除不创造价值的验收；二是落实有价值的验收。华为总结出了项目成功验收的"4321"：4U 匹配、3拉通、2 遵循、1 呈现。

（1）4U 匹配，即销售单元（SU）、交付单元（DU）、验收单元（AU）、付款单元（PU）匹配，客户界面语言统一，如图 2-36 所示。

图 2-36　项目验收的 4U 匹配

（2）3 拉通，即客户、项目组和合作方三方拉通，计划、流程、标准三点对齐，并制订统一的计划，如图 2-37 所示。

（3）2 遵循，即遵循合同履行和文档管理规则。合同履行主要涉及合同商务条款、技术建议书和规格说明；文档管理包括项目过程文档、规划文档、承诺邮件、会议纪要。需要特别指出的是，如果合同有先天不足，可以通过过程文档弥补，同时，过程文档也是项目质量改进的重要依据。

（4）1 呈现，即消除客户顾虑，通过技术及非技术方法让客户从各个层面感受和认识到项目价值，如图 2-38 所示。

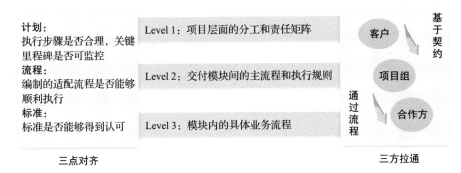

图 2-37　项目验收的 3 拉通

图 2-38　项目验收时向客户呈现项目价值的方法

5. 成熟度评估 3R9E 模型

　　成熟度评估能够及时揭示项目运作中存在的问题，帮助项目组及时改正，避免项目的失败。不可否认，我们曾有过深刻的教训，一些项目由于没有遵循公司项目管理流程及流程中要求的关键管理动作，且没有及时揭示出来，最终导致项目损失惨重。惨痛的教训告诉我们，必须规范管理项目，否则将导致重大客户投诉和巨大经营损失。公司提出"项目经理要基于集成交付和项目管理流程（PMP）管理项目，实现项目经营目标"，为此华为构建了项目管理流程成熟度评估模型（PPMM），针对交付项目启动、执行和关闭3个阶段提出了9个度量要素，如图2-39所示。

项目管理流程成熟度评估
（ Project management Process Maturity Model ）

基于PMP流程，划分项目生命周期的阶段，建立3个正确9个要素的度量框架
用要素的遵从性和规范性综合审视项目

PPMM度量框架：3个正确9个要素

3个正确	权重	9个要素	权重
正确启动	40%	1. 项目交付方案评审（DRB）	10%
		2. 项目组任命和团队组建	10%
		3. 合同交底和可交付性评估	10%
		4. 项目基准计划预算评审（DR1）	10%
正确执行	45%	5. 监控项目进度	15%
		6. 监控项目经营	15%
		7. 监控项目风险	10%
		8. 监控项目质量	5%
正确关闭	15%	9. 项目关闭	15%

图 2-39　项目管理流程成熟度评估框架

由图2-39可见，项目管理流程成熟度评估从"正确启动""正确执行""正确关闭"3个"正确"展开，这3个"正确"又细分为9个要素。通过对9个要素进行权重赋值评估，审视项目运作的流程遵从性和规范性。

在每个项目收尾阶段，项目经理都需要按照要求对项目流程成熟度进行评估，该评估结果将作为项目经理绩效及能力评价的一个重要输入，推动项目经理能力提升。

以某遵循项目交付流程的项目成熟度评估为例。在正确启动阶段，项目组在ATB之前及时组织了DRB评审，包括交付假设、交付方案、交付风险。合同签订后，项目组及时组织了合同交底会、DR1评审、项

目组任命；在正确执行阶段，项目组对项目实施计划进行了刷新，定期组织项目经营分析、项目风险监控、项目质量监控；在正确关闭阶段，项目组组织了 DR4 评审（决算），及时关闭项目遗留问题，输出决算报告。

6. 项目复盘四阶八过程

复盘来源于围棋术语，又称"复局"，意思是对弈者下完一盘棋之后，将对弈过程重演一遍，探究哪些地方下得好、哪些地方下得不好，是否有更好的下法。

被誉为"常胜将军"的军事家粟裕，十分重视战役总结，每次战役结束，都会从敌情、我情、战争环境、作战企图、作战部署、作战决心等多方面总结经验，找出不足，以利再战，切实达成打一仗进一步的目的（粟裕关于战役的总结都已编入《粟裕军事文集》）。项目复盘是在项目或关键活动周期结束后，项目团队通过回顾、反思、探究等一系列活动获取经验教训的一种方法。项目交付和验收后，项目复盘作为华为项目管理的一个重要资产，有利于将项目的经验教训应用到同类项目，帮助提高项目管理水平。项目复盘一般按照过程、组织、方法展开，部分经典项目、经验案例会在公司内部组织学习推广。

项目复盘过程包括如图 2-40 所示的 4 个阶段 8 个过程。

图 2-40　项目复盘 4 个阶段 8 个过程

在项目复盘的不同阶段，可以选用不同的方法。在目标回顾、结果评估阶段，可以通过问卷调查、目标树方式实现；在过程回放、主题选定阶段，可以采用情景重现法、关键事件法等方法；在根因分析、经验总结阶段，可以采用鱼骨图、E-C（Effect-Cause）分析（即根因分析）等方法；在成果固化、应用分享阶段，可以通过流程图实现。

项目复盘的组织过程中，可以通过定义项目复盘的关键角色A、B、C、D实现，如图2-41所示。

项目复盘的方法通常采用KISS方法制定，如图2-42所示。

KISS是指针对项目复盘识别出的四种不同完成度的工作，所采取的对应方法。

（1）做得好的继续保持（keep）：复盘哪些是自己做得好的地方，记录下来，未来继续保持。这将能最大利用长板，经过多次积累，将其发挥到极致，成为他人无法超越的长板。

（2）做得不够好的需要改进（improve）：复盘哪些事情做得不够理想，制订改进计划，采取改进行动，把不擅长的事情通过一步步迭代优化，变成自己的强项。

（3）做得不好的需要停止（stop）：复盘哪些是对自己的心态、行为、想法不利的，应立即停止，避免再次犯错，帮助了解自己的缺点和短板，及时拔除、止损，降低项目风险。

（4）没有做的需要开始做（start）：复盘哪些能力或者经验是自己缺失的，制订学习计划，以帮助聚焦缺乏的经验和能力，让项目管理体系更加完善。

通过项目复盘可以有效提升项目持续打胜仗的能力：

- 识别有价值的经验教训，避免犯同样的错误。
- 找到和掌握项目成功的规律，优化并固化至流程（含工具）中。
- 促进团队和各领域之间的开放合作氛围，提升团队成员的能力。
- 识别关键人才，固化组织资产。

Ⓐ 组织者：第一责任人，对项目复盘效果负责
- 明确项目复盘目标，对项目复盘结果负责
- 组建和管理项目复盘团队，制订项目复盘计划
- 确定项目复盘内容，并与相关干系人达成一致
- 确保项目复盘计划贯彻执行和复盘质量达成

Ⓑ 引导员：提供方法赋能和过程引导
- 负责项目复盘过程引导，保证项目复盘按照正确的流程进行
- 支撑项目复盘组织者，负责项目复盘过程的信息收集与梳理、评审人口检视等
- 提供项目复盘的方法培训与指导，包括项目复盘方法赋能、日常研讨指导等

Ⓒ 执行人员：积极参与，保证复盘效果
- 协助项目复盘组织者达成项目复盘的目标，积极参与复盘
- 承接项目复盘专题，履行设问人或叙述人的职责，保证项目复盘效果
- 遵从项目复盘计划，应用项目复盘方法，保障项目复盘质量
- 支撑项目组织者，输出经验教训

Ⓓ 记录员：详细记录，跟踪经验教训固化
- 详细记录研讨内容，输出研讨记录
- 跟踪项目团队成员审核的经验教训
- 依据项目复盘结论，跟踪固化经验教训

Ⓐ 组织者 项目经理

Ⓑ 引导员 QA（质量保证员）

Ⓒ 执行人员 项目组成员

Ⓓ 记录员 项目组成员

图 2-41　项目复盘关键角色 A、B、C、D

图 2-42　项目复盘 KISS 方法

2.3　双管齐下，经营有方

项目经营是项目管理的核心。项目经营管理就是签订高质量的合同，使项目团队能基于合同进行低成本的优质交付，从而实现经营目标并使客户满意的过程。项目经营主要从两方面入手：一是通过业财联动，实现业务数据与经营数据的拉通、联动，做到可视、可管理、可预测；二是应用经营分析、偏差管理等方法，实现高效经营管理。

2.3.1　业财联动

财务结果是业务的反映，业务是财务结果的根因。项目成功的重要标志是经营结果达标，但是如何高效达成经营结果，如何快速提升经营质量、抓住业务的本质，这就对管理提出了较高要求，必须将业务语言和财务结果无缝对接，实现真正的业财联动。多年来华为提炼并推出了一系列机制，确保业财管理高效有序。

业财联动要求日常经营管理中业务动作与财务动作深度融合，要求项目经理和项目财务每个月进行配合完成预测，并对遗留问题进行闭环管理，包括目标的偏差比对，计划与财务预测自动生成，以及任务跟踪闭环等，整个业财联动的业务流程支撑计划预测管理实现五可：可视、可测、可管、可辨、可衡量。

业务和财务每个月都会进行三个关键活动：一是计划预测与目标联动；二是全损益预测生成；三是预测执行管理。此外，将业财联动流程IT 化，相关活动都可以在线上完成甚至自动完成，如图 2-43 所示。

2.3.2 项目经营

做好项目经营是指在"四算"和业财联动的基础上，抓好项目经营分析、项目经营偏差管理和项目开源节流三个方面的工作。

1. 项目经营分析

在"四算"的基础上进行项目经营分析，根据业务实际情况和对未来合理的预期，对项目经营绩效、项目风险和差距制订改进计划并跟踪落实。同时，项目经营分析还对影响经营结果的重大问题和风险及时做出预警并发起求助，也就是经营偏差管理，一旦发现偏差超过阈值，便会立即触发举手预警机制。例如，当项目经理接收到项目经营恶化的预警后，需组织项目团队成员进行项目经营分析会议并制订应对方案，形成下一阶段的任务令，并继续执行跟踪；或者当偏差重大时，及时申报请求上级决策。

项目是经营管理的基本单元，基层组织应围绕项目及客户开展日常经营活动。为了建立项目经营基础，保障项目运作从无序走向规范，华为发布了一系列项目经营管理政策，诠释了项目经营的内涵。

项目经营管理需要项目经理不仅能够按照组织战略、合同规定及客户需求管理项目的经营活动，达到项目经营指标，而且更需要项目经理发挥领导力、战略力和商业管理等能力，能够在项目实施过程中突破常规、发现机会，从而获得"项目挣值"。

业财联动IT平台业务架构，高效支撑经营管理

价值点：① 目标差距，一览无余　② 计划影响，一目了然　③ 财务预测，一键生成　④ 执行监控，一钻到底　⑤ 改进闭环，一跟到底

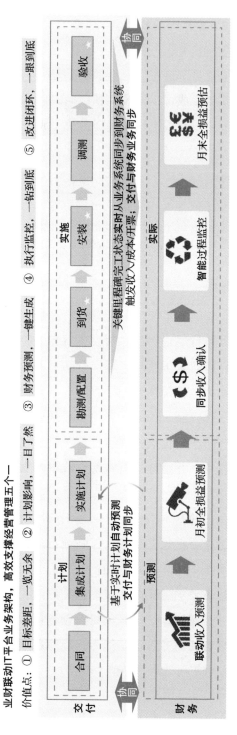

图 2-43　业财联动 IT 平台业务架构

2. 项目经营偏差管理

项目经营偏差管理是抓好项目经营工作的重要一环。项目经营偏差管理就是通过项目财务监控预算偏差，一旦发现偏差超过阈值，触发举手预警机制，启动项目经营偏差管理流程，以确保项目重大问题、风险等能够得到及时解决，从而保证项目经营目标的实现。

项目经理需要定期组织项目经营分析，针对项目财务风险和问题制订应对方案，如发起客户界面回谈和合同变更、兑现外部假设、兑现内部关键假设、成本优化，或者明确发起预算决策申请方案等，从而防范项目经营风险。

目前项目经营偏差管理端到端集成流程优化方案，主要有以下两种应用场景。

场景一：正常的预算变更。针对客户界面或内部原因导致的预算刷新，包括但不限于交付范围、计划和合同条款等引起的项目预算收入或成本发生的变化以及节奏调整。

场景二：客户界面计划未确定等有争议场景。针对经营恶化但客户界面不确定性高，如范围变化、条款回谈、债务重组等场景，内部暂时无法达成一致导致无法编制项目预算变更。

3. 项目开源节流

随着公司逐步走向精细化经营，越来越要求代表处加强项目管理，提升项目经营利润率，鼓励一线项目经理通过开源节流提升项目经营能力和经营绩效。

为了做好开源节流，项目经理需要做好以下几点。

（1）读懂合同。项目经理通常要在合同签订前介入，熟悉项目关键合同条款，如果项目经理在合同签订后才开始进入项目，需要详细了解项目关键合同条款和风险。

（2）掌握项目变更的流程和方法，与客户达成一致。合同变更是项目的正常现象，项目经理必须熟练掌握项目变更的流程和方法，并在执行过程中推动项目变更，加快变更决策，保证项目按照计划执行。

（3）掌握项目变更和商务谈判策略。项目变更提出后，项目经理要善于运用合同条款以及各种外部条件与客户相关干系人展开谈判，制定谈判策略，采取交易、交换等多种手段达成变更的目的。

（4）做好项目节流。项目经理需要分析项目成本的构成，熟悉公司的相关工具和平台，通过运维自动化、融合交付和人员结构优化等方式提升项目经营结果。

项目的成功不仅需要客户满意和达成业务目标，更需要健康的财务状况和良好的经营结果。华为在项目经营管理中，通过高效业财联动机制及相应的 IT 平台建设，确保了经营风险能够被及时识别并得到有效管理，同时督促项目经理扎实做好项目经营管理，开源节流，最终稳操胜券，达成项目经营目标，确保项目成功。

本章小结

项目是华为的经营细胞，项目管理是华为的"根能力"。交付能力是华为以客户为中心、实现客户价值的核心能力，也是华为项目管理的基础能力。交付过程不仅是按照客户需求完成项目的过程，更是发掘客户需求、为客户创造价值的过程。为了实现这个过程，围绕"定方向、找方法和看结果"的逻辑，排兵布阵，灵活机动，及时做好项目决策；通过总结提炼的经典项目管理"十八般武艺"，实现步步为营，招招制胜；通过业财联动这一项目经营管理的抓手，确保项目经营结果的实现。华为在长期的项目管理实践中，在无数项目的经验教训基础上，形成了一整套行之有效的管理方法和工具，了解了这些方法和工具，就了解了华为的项目交付能力是怎样炼成的。这些方法和工具可以根据需要进行裁剪和组合，是成功项目管理的工具箱，也是成功交付项目的百宝箱。

3

用将之道

作为带领项目团队披荆斩棘、奋勇向前的指挥官，项目经理要对项目的实施和交付负责，对项目目标的实现负责，其基本素质、项目管理技能、战略和商业管理能力、领导能力等都对项目成败有决定性的影响。成功的项目都是相似的，无一不体现了项目经理的卓越才能；而失败的项目虽各有各的原因，但都有一个共同的原因——项目经理本身能力有欠缺而导致项目失利。项目经理如同带兵打仗的将军，是项目团队的灵魂。

伴随华为全球化发展的是一个又一个项目的成功交付，是一名又一名项目经理的奋勇接力，是一个又一个精彩的项目故事的流传。华为项目经理在面向全球复杂场景的交付过程中，在不断助力客户商业成功的同时，自身也在不断地成长，涌现出大量优秀的项目经理和行业领军人物。华为通过他们的成长不断总结项目管理实践经验，进一步完善项目管理知识领域技能及能力要求，发展出了更加丰富的项目管理角色认知和能力模型，再经过项目实践进行检验和校正，即通过实践—总结—项目管理知识领域技能及能力更新—再实践—再总结—再更新……实现循环改进，再通过培训—实战—再培训—再实战……不断培养出各种级别的项目经理，为全球业务提供源源不断的项目管理专家，满足一线的业务需求。

3.1 将军是打出来的

在 2015 年项目管理论坛上，任正非做了《将军是打出来的》主题讲话。他在此次讲话中指出：在华为，必须多产粮食才能拿高工资，多产粮食才能当将军。将军是选拔出来的，不是因为学习了就可以当将军，但是不学习肯定不能当将军。将军应该是打出来的，是选拔出来的。所以大家要积极努力，踏踏实实提高本职工作能力。现在人力资源已经在改革，以责任结果为考核导向，考核表格也会发生变化。要看是不是攻下了"上甘岭"，怎么胜利的，还有什么不足。同时我们不要过分讲资历，优秀员工干得好，为什么不能提拔快些？华为正处在大浪淘沙、英雄辈出的时代，"六亿神州尽尧舜"。

在其他不同场合的讲话中任正非也反复谈道："上甘岭不能自然产生将军，将军要通过自己努力学习，全面提高自己的素质，以适应公司全球化的需要。""将军实际上是打出来的，没有艰苦的战争磨难，不会产生将军的。""公司鼓励大家上战场，一定是从战场上选拔将军。""我们是选拔制不是培养制，要明确岗位的任职资格标准，做一个指引表，缺什么自己就去补什么，不合适就淘汰。干部要从基层打上来，没做过项目管理的，原则上就不要提拔成干部了。过去我们说'让听得见炮声的人呼唤炮火'，现在改成'让听得见炮声的人指挥战争'。没做过项目经理怎么指挥战争？"真正的英雄都来自实战，而不是训练场，真正优秀的将军都是来自战场，而不是教室。

3.1.1　烧不死的鸟是凤凰

真正的管理者必须是通过项目实战从基层一路过关斩将脱颖而出的，而不是通过高层慧眼识才获得提拔的，华为信奉"将军是打出来的"选人理念，坚持以"能打胜仗"为标准来选拔人。华为建立了在实践中培养和选拔干部、在关键事件中考察干部、在业务实战中磨砺干部的干部选拔和管理机制。在选拔干部时，以有一线工作经历和实战经验为基本条件。在选拔干部时"我们学习美军的价值评价体系，首先看是否'上过战场、开过枪、受过伤'，资格审查作为任职资格的第一个台阶，这应该是科学的"。华为坚持向基层一线倾斜的选人导向，以实战中的工作绩效为最重要的衡量标准，坚决抵制论资排辈、平衡照顾等做法，让敢担当、敢作为、敢闯敢拼的员工脱颖而出。华为全球技术服务部大多数的管理者来自项目经理，这充分印证了华为的用人理念和导向。在干部管理上，实施干部能上能下机制和末位淘汰制度，使干部时刻充满危机感，以此促进干部担当奋进、带头冲锋。在干部激励上，根据规则充分授权、鼓励担责。

新员工加入公司之后，所有过去的工作经历、工作成就等都清零，所有人都站在同一起跑线上，以进入公司后的绩效为评价和晋级标准。在工作过程中，只要表现比其他人更优秀，工作态度更积极，更能艰苦奋斗，就能获得提拔与晋升的机会。员工的职业发展通道如图 3-1 所示。

图 3-1　员工的职业发展通道

从图 3-1 可以看出，员工的职业发展道路很宽阔，有四条职业发展通道可供选择：走专有的项目管理者通道，进而成为高级项目经理或项目管理专家；走技术路线，成为各行的业务专家；走职能管理者通道，成为各个功能部门主管；走商业管理者通道，成为各业务领域主管，为产业商业成功负责。简而言之，经过努力具备条件后，员工既可以选择成为管理者，也可以选择成为专家，而成为项目管理者就是公司四条职业发展通道之一，而且是极具竞争力的发展通道。

3.1.2　项目经理 HEROS 模型

如同很多公司一样，华为最初也把项目经理定位为企业基层的管理者和执行指挥员，负责项目的组织、计划、实施及交付全过程，是一个"权力不大，责任很大"的角色。项目经理容易陷入对技术的痴迷，忽略了自身领导力、经营能力和质量把控能力的培养，最后看似是管理者，却无法担当为公司"开疆扩土"的重任。但对于华为来说，项目经理不仅要懂技术和团队管理，更要具有领导力和领导意识。华为要求"管理者要有管理者的素质"，能真正地支持企业战略，不仅仅为项目绩效负责，更要进一步为企业绩效负责。

为此，华为开发出了一系列针对项目经理的角色认知模型，最典型的是 HEROS 模型，让成长中的项目经理通过与模型中的角色相对照，发现自己习惯性承担的角色与模型之间的差距，更快地识别自己角色认知和能力的不足，改变角色惯性，补足能力"短板"，真正从技术专家转变为管理专家。HEROS 是五个英文单词的首字母组合，该模型对项目经理在项目中所承担的关键角色进行了进一步分解，分为五个关键角色，如图 3-2 所示。

图 3-2　HEROS 角色认知模型

1. 项目交付策略与方案制定者（strategy&solution）

交付策略与方案制定是整个模型的核心，其余角色围绕交付策略的执行而产生。项目经理是重要策略制定的组织者，依据项目决策机制和授权范围综合考虑客户需求、经营、产品、区域及公司意见去组织做出集体决策。决策一经做出，项目经理对于这一策略将转变为执行者的角色，依据决策要求进行沟通、执行和管理策略的实施。对于项目经理授权范围内的决策，项目经理需要敢于决策、善于决策、当机立断，避免由于犹豫不决引起的混乱。如果决策有偏差，也要勇于承担决策所带来的后果，及时纠偏，避免给项目和团队带来损失和伤害。

2. 项目团队的领导者（head）

管理大师德鲁克说："一旦每个人的工作都以达到卓有成效为最高标准，一群普通人也可以做出非凡成就。"一个成功的管理者不仅要懂得自我管理，还要懂得管理好下属和项目进度。"让合适的人做合适的事"的奇妙之处在于能够通过它让一群普通的人做出不平常的事情来。项目经理正是团队中那个带领一群普通的人做出不平常事的角色。项目经理传承公司核心价值观，通过对项目组织的发展和建设，塑造高绩效团队。

3. 项目执行的管理者（operation）

项目经理要对项目重大问题和风险进行决策与管控，对超出项目组管控范围的风险，要及时进行升级，规避风险并进行闭环管理。项目经理要对项目的目标负责，执行项目策略，并管控项目各项策略的执行进度。如果实际进展和原定计划发生偏差，项目经理需要运用项目管控机制，通过预警、管理升级等方法，及时进行"纠偏"，保证项目按计划有序运作。

4. 项目经营、质量和客户满意的责任者（responsibility）

"按契约交付、按预算执行"是项目启动和运作的基本原则，因此项目启动后，项目经理需要认真理解合同的要求，并以此为基础确定交付件质量标准（客户需求）、验收标准、预算，制定项目交付策略和交付计划，在实施过程中还需要了解客户的期望值、管理客户的期望值。项目经理不仅要主动管理干系人的需求，更要主动管理执行过程，从而最终确保项目的经营指标达成。

5. 交付项目环境与氛围的营造者（environment）

项目团队不仅包括华为员工，还包括客户和合作方，是一个"小社团"。对于这个团队，项目经理不仅需要制定相应的管理规定，确保团队的合规，同时还需要营造积极向上的氛围，例如通过"一个团队，一个目标"这样的信念提升团队的凝聚力，形成"力出一孔"的爆发力，不仅确保团队遵从公司相关制度和规定并达成项目目标，还能够激发团队活力，创造出"额外"的收益。

3.1.3　成为项目 CEO

华为在实现了项目经理的职业化发展后，发现传统的项目经理定位和能力要求不能满足为客户创造价值和承担越来越复杂的项目的要求。为应对千行百业中千变万化的"项目战争"形态和不断升级的项目"作战模式",华为提出了"以项目为中心"及"班长的战争"的理念,这对整个项目经理队伍提出了更高的要求,在项目经理 HEROS 角色认知的基础上,公司进一步对项目经理的定位提出了新的理念,即"项目经理要做项目 CEO"。项目 CEO 作为项目管理的核心人物,与普通意义上的项目经理的显著区别在于:项目 CEO 不仅仅是协调员或执行指挥员,还要有责任心和使命感,承担起对外代表企业、对内代表客户的价值创造的责任,要"像老板一样思考",只有这样,项目 CEO 才能围绕项目的整体目标,把握项目的整体风险,为客户、华为和其他干系人创造价值。项目 CEO 与项目经理的区别如表 3-1 所示。

表 3-1　项目 CEO 与项目经理的区别

	项目 CEO（领导）	项目经理（管理）
1	关注愿景、创意和人	关注计划、任务和资源
2	关注什么是必要的,将非必要事情分下去,提高下属的主观能动性	完成项目计划、获得资源、达成目标、支持项目运营
3	超越员工兴趣与员工建立契约关系,提高员工工作激情	基于员工兴趣与员工建立合同关系
4	挑战、激励,遇见更高的需求和目标	公平、一致性
5	为创造性、风险解决提供条件	创造一个稳定的、安全的工作环境
6	使管理在困难环境中依然有效	使管理有效
7	领导力,被跟随者认同的领导者	有一个正式的权力地位

从普通项目经理转型成项目 CEO 必然要经过一系列的改变,公司对项目 CEO 重新定位,让项目经理认识到对项目 CEO 的新要求。项目 CEO 的职责具体如下:

（1）严格执行"按契约交付、按预算执行"的原则,对项目目标的达成负责;

（2）聚焦客户需求,通过价值呈现,提升客户满意度;

（3）组织制定项目交付策略和项目交付方案，并管理执行；

（4）负责项目合规运营，确保项目交付遵从公司相关管理制度和规定；

（5）对项目重大问题和风险进行决策与管控，对超出项目组管控范围的问题和风险，及时升级并实现闭环管理；

（6）以身作则，传承公司核心价值观，打造高绩效团队。

为便于理解和记忆，华为对组成"CEO"的三个字母重新进行了表达，以此解释"CEO"所应具备的思维方式及应履行的职责，如图 3-3 所示。其中"C"代表 C-level governance，即客户（干系人）高层治理；"E"代表 End to end management，即端到端实现战略到执行；"O"代表 Owner of business，即对业务经营结果负责，追求最佳经营结果。

C-level 高层治理	E To E 实现战略到执行	Owner 追求最佳经营结果
• 高层连接能力 • 客户需求管理 • 客户感知管理	• 端到端商业管理 • 端到端风险管理 • 端到端环境管理	• 交付即销售 • 服务即交易 • 做项目生意

图 3-3　项目 CEO 应具备的思维方式及应履行的职责

项目 CEO 的定位对项目经理提出了精英式的能力需求，即项目 CEO 要具备既能听懂客户的真实需求，也能了解自己解决方案的能力，并能基于此实现客户商业成功和华为成功。简而言之，精英就是懂客户、懂商业，并通过创造性的解决方案实现客户成功和华为成功。为了阐明项目 CEO 所需具备的知识、素质和能力，引导项目经理不断完善和提升自己，以增强其履行"CEO"职责的能力，华为开发了 CEO 型项目经理能力适配模型，如图 3-4 所示。该模型中设定了领导力、项目管理专业技能以及战略和商业意识三个方面的思维和能力，这三个方面分别对应支撑了"CEO"中的高层治理、实现战略到执行、追求最佳经营结果。

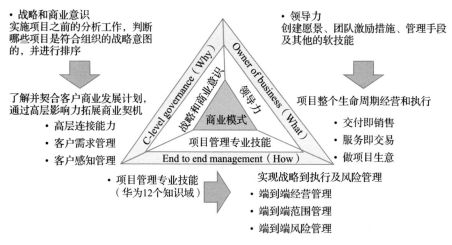

图 3-4　CEO 型项目经理能力适配模型

3.2　仗怎么打，兵怎么练

华为对项目经理除了提出了 HEROS 角色认知及项目 CEO 的定位，还清晰定义了其应具备的知识、素质和能力，形成了能力发展模型，使项目经理能够以此为指南不断完善和提升自己，同时还制定了一整套培养和训练的机制，促进项目经理胜任岗位，并转身成为精英。

3.2.1　项目经理能力模型

为了引导项目经理不断提高个人素质和能力，以更好地胜任千行百业中千变万化的项目管理，华为不断创新项目经理胜任能力标准，构建易理解、易记忆、有实效的项目经理能力模型，为项目经理成功向项目

CEO 转变提供了指引和支撑，项目经理的能力模型也由 BEST 逐步发展和升维成 SOBEST。

1. BEST 模型

项目经理能力 BEST 模型如图 3-5 所示。BEST 是四个英文词组的缩写，代表了项目经理应具备的四个方面的能力——"B"即 Business &strategy management，战略与商业管理；"E"即 project management Experience，项目管理经验；"S"即 project management professional Skill，项目管理专业能力；"T"即 Team leading，领导力。

图 3-5　项目经理能力 BEST 模型

该模型是针对有志于提升项目管理能力，能够应对更高难度项目的项目管理者的能力提升模型，目的在于指导项目经理夯实 12 个项目管理专业领域知识，通过学习和实践提升领导力和理解力、决策力和执行力，以及战略与商业管理能力。

（1）提升项目管理专业能力。项目管理专业能力，即 12 个项目管理专业知识领域对应的项目管理通用能力，也是项目经理必备的专业能力，如图 3-6 所示。

（2）提升领导力。领导力来自两个方面：一是职位本身所赋予的权力；二是自己本身个人魅力对于其他人的影响力。领导力的发挥，体现在项目执行过程中项目经理能够有效地解决冲突，做好人际的连接，及时地鼓舞士气，个人不断学习，以及关键时刻能够主动承担责任、顶住压力。承担项目对于项目经理来说是一次学习和提升的机会，在项目中不仅可以巩固已有的项目管理专业知识和能力，而且可以学习更多的新知识和新方法，通过能力改善实现自身的领导力提升。

项目管理专业能力

变更管理	沟通管理	经营管理	资源管理	整合管理	价值管理	质量管理	风险管理	进度管理	范围管理	干系人管理	供应商管理
1.变更分析 2.变更管理 3.变更管理运作	1.计划与策略 2.流程与机制 3.执行与运作	1.财务规划 2.财务管理 3.基线管理	1.组织设计 2.资源供给 3.人员团队建设	1.集成规划 2.集成管理 3.集成管理运作	1.挖掘商业价值 2.设计商业价值 3.实现商业价值	1.质量规划 2.质量管理 3.交付件管理 4.质量标准和要求	1.风险定义 2.风险管理 3.风险预警与准备	1.进度定义 2.工作计划 3.进度管理 4.进度管理运作	1.范围定义 2.范围共识 3.范围管理 4.范围管理运作	1.干系人规划 2.干系人管理 3.项目高层治理	1.采购策略 2.招标和谈判 3.分包商选择 4.分包商管理

图 3-6　项目管理专业能力

项目经理是项目的发动机，推动着项目前进。他们一方面通过勇于承担工作责任和不断学习来锻炼自己，提升领导力，另一方面也通过向项目团队提出严格的要求，经过沟通讨论将项目任务层层分解落实，并激励和支持团队成员完成任务，在项目交付过程中实现个人和团队的双提升。项目经理的领导力如图 3-7 所示。

项目经理的领导力

主动担责	学习发展	激励人心	人际连接
1.勇于担当 2.主动解决问题	1.开放接纳 2.反思总结 3.深层理解 4.挑战现状	1.以身作则 2.发现他人贡献 3.及时庆祝	1.换位思考 2.建立信任 3.乐于分享

图 3-7　项目经理的领导力

（3）提升战略与商业管理能力。项目作为企业战略落实到执行的最小单元，承载着企业战略有效落地的功能，因此要求项目经理不仅要具有专业和项目管理技能，还需要具备商业与战略管理能力。项目经理只有具备商业与战略管理能力，才能准确理解企业发展战略，真正进入项目 CEO 角色，使项目目标与企业战略保持一致并能创造性地完成项目，为公司和客户创造商业价值。

稻盛和夫用了两年多时间成功地将濒临破产的日本航空公司发展成世界 500 强，成功的秘密就是阿米巴经营模式，即把扭亏的战略目标分解成一个个小的扭亏单元，每个单元都作为一个独立的利润中心，按照小项目的方式进行独立经营，自行制订各自的计划，并依靠全体成员的智慧和努力来完成目标，从而确保了扭亏的战略目标的达成。我们交付的每一个项目就是一个阿米巴，也都承载着企业的商业与战略价值，项目的成功是企业商业与战略价值实现的基础。

项目经理的战略与商业管理能力如图 3-8 所示。

图 3-8　项目经理的战略与商业管理能力

（4）积累项目管理经验。项目经理可从过往的项目中汲取经验，提升自身管理能力。打仗越多，打胜仗越多，项目管理经验就越丰富。因此需要项目经理在项目的各个阶段及时总结已完成的任务，并从中学习，以便下次遇到同样的问题或者同类项目时能够应用之前的经验，更高效地完成任务。项目管理经验主要通过 8 个方面来衡量，即 2*STAR——"S"即 specialty，项目特点；"S"即 scenario，多场景交付能力；"T"即 time，从业年限；"T"即 training and practice，训战记录；"A"即 achievement，项目绩效评价；"A"即 award，奖惩记录；"R"即 record of competency & qualification，任职资格；"R"即 ranking，项目级别。2*STAR 模型如图 3-9 所示。

图 3-9　项目管理经验模型

2. SOBEST 模型

随着全球数字化转型浪潮的发展和 5G 使能万物互联，项目经理身处多变的环境和创变的趋势下，唯有向精英转型才能更好地应对新的挑战。

带领团队打胜仗，是每个项目经理的追求，也是每个项目经理领导力的基本体现。然而未来我们必将面对外部更频繁的变化和挑战，新技术、新方案、新场景的出现使得管理边界趋于模糊；在项目管理过程中干系人会更多，沟通更复杂；新模式交付过程中将出现"看不见的队友"这样的虚拟团队；客户身处转型，需求不断迭代，也给项目交付和管理带来了诸多不确定性。面对如此复杂、易变、模糊和不确定的环境，项目经理要想持续带领团队打胜仗，就应具备处变不惊的韧性和自我变革的勇气，更加自律自信、追求卓越、充满激情、成就导向，这些特质称为内驱力，如图 3-10 所示。

从传统作战到商业作战，作战要求和目标都发生了变化，传统作战是在确定的范围、时间和成本等制约因素下完成具体的交付件和项目里程碑，项目经理只需要按质按量按合同完成交付。而新的商业作战，需要持续面对客户的价值诉求，更多地聚焦于客户界面的价值变现，在竞争性制约因素下实现预期的商业价值规划，这个过程要求充分地理解客户和用户，理解产品解决方案的价值主张来匹配客户与用户，同时通过持续的数字化运营，进一步、深层次地挖掘潜在价值需求，反向催熟产品解决方案，进一步满足新的需求。在从传统作战到商业作战的转变中，项目经理需要懂得客户的价值诉求，理解解决方案并掌握数字化运营的方法，两者形成组合拳，才能更好地满足客户诉求，实现客户成功与产业发展的持续双赢。

图 3-10　内驱力特质

出于应对新的商业作战的考虑，华为对 BEST 模型进行了优化和升维，提出了 SOBEST 模型。SOBEST 模型又被称为六力六维能力模型，即在领导力、商业与战略管理能力和项目管理专业能力的基础上，增加了内驱力、解决方案理解力、数字化运营能力，如图 3-11 所示。

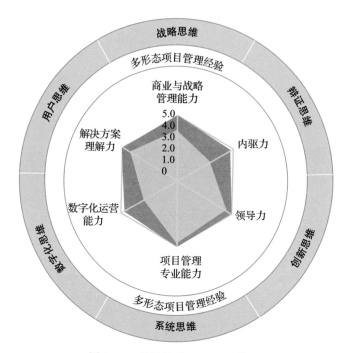

图 3-11　项目经理 SOBEST 模型

图 3-11 中，内圈是 SOBEST 所代表的六个英文词组所表示的"六力"——"S"即 Self driving，内驱力；"O"即 digitalized Operation，数字化运营能力；"B"即 Business & strategy management，商业与战略管理；"E"即 solution understanding Enabling，解决方案理解力；"S"即 project management professional Skill，项目管理专业能力；"T"即 Team leading，领导力。中圈是多形态项目管理经验。外圈是"六维"：战略思维、辩证思维、创新思维、系统思维、数字化思维、用户思维。

六力六维能力模型能够有效指导和使能项目经理实现新形势下的成功转型，使其从技术专家一步步转变为项目经理乃至项目 CEO，最终成为公司的商业精英。

3.2.2　以考促训，训战结合

为了帮助刚进入项目管理行业的"新手"和正在这个行业努力提升自己的项目经理对自身应承担的角色有全面的认识，清楚作为项目经理应该掌握的知识与具备的素质和能力，找到学习的方向，华为提出一系列针对项目经理的角色认知模型和能力模型，比如 HEROS 模型、BEST 模型、SOBEST 模型等，让项目经理通过与模型中的知识和能力对照，发现自己已经掌握的知识和能力与能力模型之间的差距，准确地找出自己的不足。华为还开发出一系列赋能课程，使项目经理通过学习补足"短板"，并在实战中将这些专业知识和能力真正转化为自己的能力，从而在以后的项目中能够轻松面对各种挑战，成功交付项目。

1. 四阶能力提升体系

面对诸多知识和能力提升需求，项目经理可能会陷入迷茫，因而在对项目经理的赋能培训上，华为也探索出一套行之有效的课程体系。该课程体系按照项目经理应掌握的专业知识和管理能力分为四阶，如图 3-12 所示。

第一阶：项目管理专业能力提升。该阶主要是面向项目经理的初级培训，培训对象是在岗的项目经理和有志于成为项目经理的转岗员工，采用慕课（MOOC）形式，主要目标是项目管理的专业能力提升。

一般来说，入职 1 ～ 3 年的技术人员，会面临着职业发展路径的选择：继续在技术岗位上发展，还是转型为项目管理人员，即未来的项目经理。对于那些想转变为一名合格项目经理的技术人员，在提升项目管理专业能力的同时，还要在工作理念、时间使用和技能要求上实现三个方面的转变。

（1）工作理念转变。项目经理要承担起团队领导者的责任，带领和协调团队成员和干系人完成工作而不能让大家各自为战，所以在关注事的同时更要关注人，要重视团队和团队成员的成功，带领团队共同努力而达成项目目标。

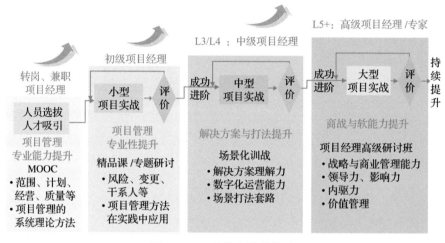

图 3-12　四阶能力提升体系

（2）时间使用转变。作为团队整体绩效的主要负责人，项目经理应该更合理地安排自己的时间，不能再根据个人兴趣和喜好决定自己的时间投入，而应该将时间合理分配到自己应该做的工作上。项目经理要为团队制订计划，并有效跟进；要花更多的时间在团队能力提升和周边沟通协调上，主动了解下属的工作情况以及思想动态，辅导下属实现个人绩效目标和提升个人技能；要安排时间与干系人沟通，消除工作障碍以推动工作不断取得进展。

（3）技能要求转变。项目经理不仅要具备专业技能，更需要具备管理和领导能力，通过合理的工作和业务设计、目标设定和任务分配、对团队进行绩效辅导和激励以及营造和谐氛围，实现团队目标。

第二阶：项目管理专业性提升。该阶的培训对象是初级项目经理，采用精品课和专题研讨的形式，课程目标是夯实项目管理专业基础知识。课程包括：角色认知、集成计划与数字化协同、干系人沟通与管理、新场景项目管理、打赢新场景项目交付战争、提升交付专业性、风险与经营管理、客户满意度管理、交付保障、现场作业管理、5G与光纤接入场景的项目管理等。通过对典型项目案例的深入研讨，引导受训的项目经理在实际项目案例情境中灵活应用项目管理理论方法，提升项目管理的专业性。

第三阶：解决方案与打法提升。该阶的培训对象是中级项目经理，课程目标是针对电信交付领域的专业场景进行分析，帮助项目经理理解各种复杂交付场景下的项目管理方法和思路。通过业务运营中心、自动化与智能化、互联网数据中心等场景训战，提升项目经理的解决方案理解力和数字化运营能力，使其掌握场景打法。

第四阶：商战与软能力提升。该阶的培训对象是高级项目经理/专家，主要是有针对性地提升项目经理的领导力、影响力、内驱力、战略与商业管理能力和价值管理能力。通过专业知识学习和研讨，使培训对象能够了解新交付环境下项目管理的最新实践案例和公司政策，掌握行业的最新动向，使其在面对新的挑战时能采取更有效的应对方法和策略。

华为上述四阶能力提升体系设计具有很强的针对性，以案例分析结合简洁的理论和方法讲述，对项目经理职业胜任力的提升起到显著推动作用。

2. 训战体系

华为要求各级干部都要有成功的项目实战经验，懂项目管理、能成功交付是获得晋升的重要条件。用华为公司内部的一句话总结就是：懂了项目管理，你其实当"军长"都够用的。

在打仗中学会打仗，从胜利中学会取得下一个胜利，是华为一贯坚持的干部发展和成长路径。从个人角度来讲，华为项目经理要有思维能力和实践能力；从企业角度来讲，华为也有一套保障机制促进项目经理管理能力的提升和个人职业生涯的发展。

为了有效培养项目经理，同时做好项目治理，华为制定了一套组织级机制——华为项目管理体系，总结起来就是"一体两翼"。"一体"就是包括文化体系，以及管控、流程和平台工具在内的治理体系。"两翼"就是要确保项目经理获得方法和资源支持：一方面，积极用现代管理思想和理论武装项目管理人员，并深入贯彻"仗怎么打，兵怎么练"的指导思想，通过训练和项目实战锻炼他们，同时注重总结提炼出适合华为项目管理特点的方法论；另一方面，建立了资源配置体系，包括项目经理的任职通道和作训体系，以及"专家选专家、专家评专家"的专家文化，并实现对资源的合理调配和使用，达到资源使用的最优组合，即通过给项目定级实现不同级别的项目匹配适合的项目经理，让项目经理在实践中快速成长。

华为为项目CEO提供了一套职业发展的训战体系，如图3-13所示。

该训战体系主要包括以下四个阶段。

（1）运用HEROS建立项目经理能力模型，优化岗位描述，选拔合格的项目经理。

（2）有针对性地让项目经理进入不同特点、级别、场景的项目中实战锤炼，补充或深化其能力。

（3）通过分阶训战、过程协助、现场实战观摩等赋能方法，支持项目经理边学习边战斗。

（4）项目实战结果被用于项目经理的差异化任职。

华为通过从研讨实战案例到回到一线作战现场去实践这一过程的循环，使华为项目经理能够实现能力的不断进阶，从承担中小型项目发展到承担大型项目，从初级项目经理成长为高级项目经理，从而源源不断地培养出能打能战的各类、各级项目经理。

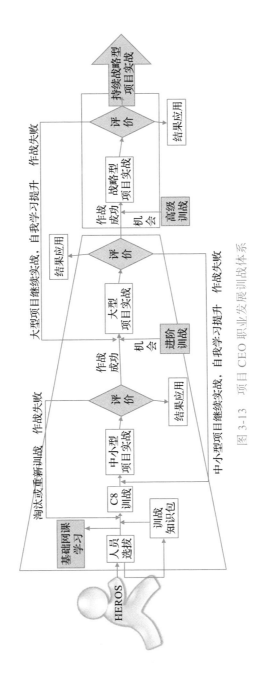

图 3-13 项目 CEO 职业发展训练体系

3.3 猛将必发于卒伍

"宰相必起于州部，猛将必发于卒伍"是华为用人的重要理念，华为的项目经理通过不断提升专业能力和实战，积累更大规模、更复杂项目的成功交付经验，获得更高的任职认可。经过多年积累和完善，华为已经发展出一套完备的项目经理等级评定体系，并直接应用于员工任职评定。

3.3.1 职业发展与任职资格

一直以来，华为对项目管理和项目经理寄予了厚望，项目经理是一个非常有吸引力的岗位。

项目经理的职业发展空间，无论广度还是深度都非常大。在职业发展的宽度上，如果员工担任过项目经理或其他项目管理角色，有几个项目的实践经验，则在公司是非常受欢迎的，如财经、供应链、市场、合同、人力资源、采购、基建等部门在招聘时往往要求有项目管理的经历。项目经理即使不再做项目，也可以转岗到其他业务部门，继续发挥作用。

从职业发展的深度看，在公司任职体系中项目管理任职起步等级较高，而且华为的项目管理任职标准有个特点，即聚焦于结果和"军功"。因此很多新员工或工作 2 ～ 3 年的员工都非常愿意进入项目担任项目经理、项目计划控制经理（PCM）等角色，因为晋升机会很多，有了成绩很容易就可以得到提升。成为某个级别的项目经理就意味着有资格去负责相对应级别的项目。同样，只有不断成功交付项目积累"军功"，才有资格申请更高一个级别的任职资格。不同的项目管理任职资格等级匹配不同的薪酬待遇，而项目管理任职资格等级需要一套科学完备的评定方法。

1998 年之前，华为没有完善的任职体系，主要依靠以艰苦奋斗为核心的企业精神和文化。虽然当时员工为了公司的发展埋头苦干，付出了巨大努力，可员工的业绩总是很难达到预期。公司经过调查发现：大部分员工只是指令的被动接受者，他们在接到任务后通常马上行动，基本上没有花时间想清楚做这件事的目的是什么，因此他们不清楚自己最适合何时执行任务，不明白自己该如何更合理地操作，也搞不清楚自己应该做到什么程度。正是在这样的背景下华为引入了英国国家职业资格管理体系（National Vocational Qualification，NVQ），先后经历了 6 次大的改进和调整，目的是明确任职者所应具备的专业知识、技能和能力等，要求其通过实践总结输出案例、授课、担任导师等方式回馈组织，并借此验证其总结的经验、知识和案例的有效性。任职体系是项目和部门选人、用人的重要标准和参考，也牵引着员工自我学习、自我成长和自我发展。

1. 任职资格的三个维度

项目管理任职资格标准源自工作要求，包含三个维度：专业知识（12 个项目管理专业知识领域所必须掌握的知识）、关键能力（专业领域内保障工作质量的能力要求，高级项目经理还包含领导力和战略与商业管理能力 2 个软能力）和专业回馈（员工在专业知识和经验上对组织的贡献），如图 3-14 所示。

专业回馈是衡量项目经理通过不断总结实践经验对于促进公司项目管理发展所做的贡献，具体通过专业回馈积分制度来体现。专业回馈积分包括经验总结（项目经验分享、发表案例、发表项目总结、参与行业交流及项目管理论坛发表演讲等活动）、专业贡献（主导开发和优化项目管理方法论、项目管理专业课程）、技能传递（担任新员工导师、任职答辩或案例评审评委、兼职培训讲师、项目间同行协助分享方），以及专业资格证书等评估维度。其中对每项活动都明确了标准要求，并通过区分主要贡献者和其他参与者来确定具体积分。建立专业回馈积分制度的目的是使华为的项目经理不仅通过参与项目实践为企业贡献绩效和获得自我发展与提升，还能够积极参与到项目管理人才培养、项目管理知识和经验总结沉淀及项目管理经验分享中去。

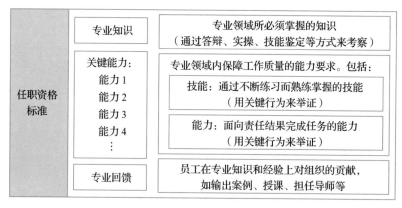

图 3-14   项目经理的任职资格标准

2. 任职评定的两个环节

项目经理的任职评定以"基于'作战记录'的任职资格管理方式"为原则，按照项目经理对于各项知识的掌握情况，结合其在实际项目中应用这些知识的能力，通过举证的方式，最终确定项目经理的实际能力（项目经理任职资格）。

项目经理任职评定要经过两个环节：培训并参加知识考试、评议。

（1）培训并参加知识考试。培训是针对项目经理应掌握的业务通用、领域通用、领域专业和领域技能等知识与技能开设课程进行培训，并通过课程考试或课程记录进行培训效果验收。

（2）评议。评议是专家评审过程。由候选人现场答辩，并由评委阅读及审核员工申请材料，对照任职资格标准，对员工任职进行审核，对材料中的举证事例向主管澄清及确认，然后进行合议，并指出其优缺点以实现后续持续改进，最终是否通过任职由评委进行匿名投票决定。

通过项目经理任职体系，华为明确了全球一致的专业标准和认证管理体系，规范了项目经理职业通道，同时保障多元化队伍客户服务质量的一致性和可持续性，提升了公司整体项目管理能力。

3.3.2　激励模型与方式

在标准的职业晋升通道之外，基于项目员工激励模型，华为还为项目经理设置了项目奖等物质激励，以及领军人物等精神激励，充分调动项目经理积极性，牵引其主动促进项目目标达成，鼓励其持续奋斗、贡献价值。

1. 项目员工激励模型

知识型劳动者的欲望可以被分为五个层面——物质的饥饿感、安全感、成长的愿望与野心、成就感和使命主义，谁抓住了人的这五个欲望，谁就能够实现管理的成功。在此基础上，华为针对公司员工以知识工作者为主的实际状况，在"以奋斗者为本"的项目文化的指导下，构建了华为的项目员工激励模型，如图 3-15 所示，并在此基础上建立起了项目人员激励机制，有效地实现了对不同层次、不同岗位的项目员工的激励，对成功实现项目交付、推动向"以项目为中心"转变起到了重要作用。

从图 3-15 可以看出，项目员工激励模型的最底层是物质诉求，代表着知识工作者最基础的需求。物质诉求是人类数万年进化史中恒久不变的，一个人即便再有远大的追求，也要建立在物质需求满足的基础上。

第二层需求是事业平台。知识型劳动者加入华为的另一个考量就是对于事业平台的诉求。过去的华为既没有资源，也没有影响力，对于一流人才的吸引有限。正是华为近些年来的不断发展壮大，才使得华为这个世界级的事业平台能够吸引和接纳来自全球的顶尖科学家、技术专才以及各个方面的一流人才。

图 3-15　项目员工激励模型

第三层需求是权力。中国自古就有"学而优则仕""学成文武艺，货与帝王家"的说法，这充分反映出知识型劳动者认为只有才华获得赏识、得到回馈，才算不辱没自己的才华。他们清楚地知道，只有掌握了权力、具备了足够的调动资源的能力，才有可能实现自己的理想和追求。因此，权力是知识型劳动者追求的重要目标，其对于知识型劳动者的激励作用非常明显。

第四层需求是荣耀感。相较于一般劳动者，知识型劳动者的理念与行为更加复杂，多年知识积累的过程塑造了其不断寻求自我成长的思维模式，对于局面的掌控、事成之后的荣耀感和来自社会的各种形式的认可与荣誉正是知识型劳动者自我激励的原动力。

位于顶层的需求是使命感。使命感是一个领导者必须具有的品质，是一名员工对于工作、对于公司认同的最大程度的体现，也是组织中每一位知识型劳动者都被赋予的最高期望。团队的使命感也是由一个个团队成员的使命感勾勒出来的，华为要求高级干部必须具备使命感，也希望中基层管理者以至普通员工都能够拥有使命感。

2. 对项目人员的物质激励

项目经理作为公司的核心业务岗位，在例行绩效考评、年度奖金评定、升级调薪时会有一定倾斜。对于预亏、硬仗和经营有明显改善的项目，公司在考核与激励时会做差异化的考量，保证对敢于担当、愿意打"上甘岭"和洗"盐碱地"（见效慢、投入产出比低的项目）的项目经理有客观评价。同时，项目作为独立经营单元，在年终奖之外，还单独为项目团队成员评定项目奖。

华为实行项目经理负责制，由项目经理对项目目标负责，相应地授予其分发项目奖的权力。项目奖来源于"项目收益"，是基于"获取、分享"的机制而设置的奖励金，用于激励对项目做出贡献的人员。项目奖以实现项目目标为导向，意在保证交付质量的基础上提升交付效率、客户满意度，改善经营。项目奖奖励规则清晰透明，奖金可预见并及时兑现，能够起到牵引员工行为的作用。

项目经理负责团队成员的项目绩效评价，包括责任贡献、任职能力、劳动态度和核心价值观等，项目经理还可根据正向/负向事件对相应责任人的奖金分配结果进行调整。

3. 对项目人员的精神激励

除物质激励外，公司每年都会有各种奖项评选活动，通过精神激励的方式鼓励员工持续奋斗，包括领军人物、优秀专家和技术标兵、小火车头和项目管理大师。

下面以领军人物评定为例进行说明。

（1）评选范围。全球所有专业技术人员分赛道进行评选。

（2）评选条件。①专业能力要求；②绩效要求；③责任贡献；④项目经验；⑤恪守华为价值观。

（3）评选流程。领军人物评选流程如图 3-16 所示。

图 3-16　领军人物评选流程

**本章
小结**

　　华为坚信将军是打出来的，项目管理训战是项目 CEO 的摇篮，秉承"从实战中选拔人才"的用人理念。华为对项目经理的定位不再仅仅是项目的负责人，而是项目的 CEO，负责端到端实现战略到执行，拥有高层连接能力，并追求最佳的经营结果和商业成功。对标这种新的期望和定位，华为提出了项目经理角色认知的 HEROS 模型和项目经理能力 BEST 模型，引导项目经理认识自身在项目中的角色定位，发展与之相匹配的项目管理专业能力、领导力、商业与战略管理能力，积累项目管理经验。为推动项目经理转身成为商业精英，华为将 BEST 模型升级为 SOBEST 模型，进一步强化了内驱力、解决方案理解力、数字化运营能力。为规范项目经理职业发展通道，华为制定了完善的分层级任职资格标准体系，综合考评项目交付"战功"、专业知识、关键能力及专业回馈，牵引项目经理实现职业发展。同时设立训战平台，辅以多项激励措施促进项目经理发展。基于这样的理念、标准和机制，华为成功培养出一批又一批优秀的项目经理，持续为客户成功交付一个又一个项目。

4

治理之道

华为围绕以项目为中心、打赢"班长的战争"的治理之道，体现在责任分工、权力授予、组织配置、资源布局、能力建设、流程运作、信息系统支撑等多个方面。在责任分工方面，将战术指挥重心下沉一线，高层和机关聚焦战略制定、方向把握及资源调配。在权力授予方面，将行政管理和作战指挥权分离，基于清晰的授权规则和下属的任务准备度进行合理授权。在组织配置方面，根据作战需要，模块化地剪裁和调整一线组织。在能力建设方面，以战略要求为主线，开展综合性能力建设。在流程运作方面，面对复杂多变、不确定的环境，将作战流程聚焦于作战能力的实现，行政管理流程则严谨全面。在信息系统支撑方面，通过构建互通的信息环境，使各级指挥官可以在任何时间／地点获取完成任务需要的信息，对作战环境形成共同的理解。

在责任、权力、组织、资源、能力、流程等方面进行的治理变革，体现在华为项目管理上就是：①以项目为中心，建立项目型组织，支撑打赢班长的战争，力出一孔，利出一孔，明确项目授权及激励机制，让员工越做干劲越大；②按场景持续优化流程，不断发展和提升场景化项目管理能力，扎硬寨，打胜仗，同时系统性控制好风险；③完善组织级机制，让听得见炮声的人呼唤炮火，把指挥所建在听得到炮声的地方，正确、及时地评审和决策，通过资源买卖机制（buy-sell）激活资源。

4.1　项目型组织，打赢"班长的战争"

未来的战争是"班长的战争"，但是"班长的战争"并不是"班长"一个人的战争，而是组织整体的改变，于是项目型组织应运而生。项目型组织是以项目为中心的运作管理体系的核心，其根本目的是激发组织活力、提升运作效率、增加项目盈利和提升客户满意度。以项目为中心的项目型组织提供了一种新的方式，通过授权项目并运用激励、牵引等手段，激发组织活力；保持了组织的灵活性和敏捷性，牵引所在的组织相互协同、以快制慢，提升运作效率；支撑项目组织快速集结，实现以目标结果为导向，提升客户满意度。华为项目型组织就是要规范项目的组织管理。

4.1.1　以项目为中心，建立项目型组织

项目型组织管理覆盖项目全生命周期，即从项目立项到项目关闭，规划了七个管理要点，分别是项目定级、项目经理授权、项目目标签署、项目组织结构设计与审批、项目核心岗位设置及职责、项目成员评价以及项目奖申请与发放，如图 4-1 所示。

这七个管理要点是保障项目型组织顺利落地的关键。其中项目定级、项目目标签署和项目成员评价是实现项目型组织的必要条件。

1. 项目定级

项目级别影响公司对项目的重视程度及资源投入。项目等级评定标准是一个具有导向性且综合的体系，根据项目经营、复杂度、战略等方面的情况评分，不同得分区间对应不同等级，共划分为 S、A、B、C、D 五个等级。

项目定级的标准是迭代的，随着交付环境和项目特点的发展变化，项目定级面临一些新问题，诸如复杂度占比不高，复杂项目的定级与其困难程度不匹配；未考虑交付环境、组合整合以及沟通层级，这些因素造成的项目管理复杂度升级在定级中得不到体现；A 级项目的管理跨度大，难以满足分层分级保障需求；项目群等级设置，不能满足日益增多的跨区域、跨领域的项目管理需求。标准在这些方面都进行了优化，同时也规定了不同级别项目对项目经理的任职资格要求。

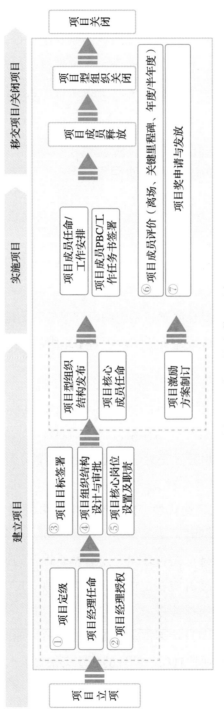

图 4-1 项目型组织管理要点

2. 项目目标签署

项目目标是项目作战的牵引方向。项目目标应综合考虑战略目标、财务目标、质量、效率和客户满意度等因素。

在制定项目目标时，一般有四个方面的要求：一是在计划和预算评审阶段确定项目目标，如项目发生变更，则在预算变更阶段变更项目目标；二是原则上财务目标应不低于公司要求；三是根据项目里程碑设置阶段目标；四是项目目标纳入项目经理个人绩效承诺管理。

3. 项目成员评价

项目成员评价是项目团队管理、团队激励的重要手段。基于整体项目的评价结果，项目经理对项目成员进行评价，该评价作为功能部门半年绩效考核／年度综合评议的输入和参考。

在项目型组织中，评价和考核有两种方式：一是项目型组织成员由功能部门进行半年绩效考核／年度综合评议；二是功能部门委托项目组进行半年绩效考核／年度综合评议。

在项目型组织中工作的所有成员，由项目经理给出项目评价，评价内容应包含责任贡献、任职能力、劳动态度等。项目型组织较好地解决了之前存在的一些普遍问题，如论资排辈、大锅饭等。

4.1.2　力出一孔，利出一孔

公司 CEO 在 2016 年新年致辞中提出"公司的目标只有一个，就是胜利，聚全体员工的努力，'力出一孔，利出一孔'"。公司通过合理项目经理授权保证力出一孔，通过有效项目激励实现利出一孔，这是项目型组织的动力源泉。

1. 项目经理授权

为支持"以项目为中心"的项目运作，在项目经理责权对等原则的基础上，华为规定了项目授权原则，明确了项目授权范围，给予项目经理充分的权力。

华为对项目经理授权遵循五项原则：一是责权对等，即基于项目经理承担的职责，明确项目经理的权力；二是基于流程授权，即对项目经理授权应基于相应的流程，沿流程授权；三是风险可控，即在风险可控的基础上，对项目经理进行相应的授权；四是行权监管，即建立和完善项目经理授权监管方案，被授权人要接受公司的监督和审计；五是区域适配，即由于各区域内外部环境及项目经理的管理成熟度存在差异，允许区域进行适配。

在具体操作上，项目经理授权是沿着流程梳理与项目相关的权力，并根据项目经理承担的经营责任，明确授权范围，随项目经理任命发布授权书。项目经理授权，包括人权、财权和事权三类，授权项是每个分类的细则，有相关的文件、模板、说明来支撑其可操作性。

从经营和运营指标的评价要求转向人、财、事的授权，体现了对项目经理由"责"向"权"的转变。项目经理授权有两个重要考虑：一是项目型组织实施项目经理负责制，对项目目标和经营结果负责；二是项目经理的权力限制在项目生命周期内，并且和项目经理的管理成熟度相关。授权项可以根据项目实际情况调整。

在项目中，项目经理会获得人、财、事三类授权。

（1）人员管理（人权）。项目经理负责项目型组织的人力资源需求。授权项目经理根据项目需求和目标明确项目型组织的人力资源需求和选拔要求，由功能部门根据项目人力需求计划提供符合要求的资源。项目组织的成员在进场和离场时，须得到项目经理的同意和确认，如果资源不满足项目要求，项目经理有权提出更换资源，功能部门按规则更换满足项目要求的资源。

项目经理的人权体现在如下方面：

1）发布项目型组织成员任命。授权项目经理对资源化成员（非核心成员）任命进行审批。

2）做出项目型组织成员职责定义及工作安排。项目经理可根据《项目核心管理团队角色通用职责规定》适配项目型组织成员职责，并对项目型组织成员进行相应的工作安排。

3）评价资源。授权项目经理基于项目型组织成员工作安排完成结果给出项目评价，项目评价用于项目即时激励。

4）评议半年绩效和年度综合绩效。项目经理可根据功能部门委托，对项目型组织成员进行半年绩效考核和年度综合评议。

5）建议项目奖分配。授权项目经理基于项目型组织成员实际贡献进行评议，如果项目业务规模较大，项目经理可组织项目核心管理团队进行评议。项目奖评议结果提交上层组织的管理团队评审，按项目级别提交相应层级的管理团队批准。

（2）财务管理（财权）。在单笔最高限额和预算总额限制等条件下，项目经理审批差旅申请和差旅费用报销、工程与服务采购需求，自行采购需求。对不同等级项目的项目经理进行分层分级授权管理。

（3）业务管理（事权）。项目业务涉及管理合同执行、服务交付、财经管理等流程，项目经理的业务管理权力来自业务流程，在业务流程中定义和明确项目经理应履行的职责和权力。

为监管项目经理授权和行权情况，各级流程主管对项目经理的行权进行监管，对行权中出现的问题按照对应流程中定义的问责标准进行问责。通过对项目经理合理授权调动了项目经理作为"主管"的积极性和责任感。

2. 项目激励

要真正实现"利出一孔",项目经理需要充分发挥对项目团队成员的激励作用。会管事,只能实现"一时赢",做好团队建设和人员管理,会管人,才能实现"持续赢"。"利出一孔",就是要持续做好激励,包括物质激励和非物质激励。华为在对项目团队激励时会遵循导向、感知和效果三个原则,如图4-2所示。

图 4-2 项目团队激励三原则

导向是第一位的。在导向激励中,华为强调"打破平衡,拉开差距",在激励中控制刚性并增加弹性。第二要关注感知。项目经理要识别项目中关键岗位上的人员,重点对其予以关注从而取得最佳激励效果,同时也要关注项目团队整体的感知。第三要考量激励的效果。激励的方式是灵活的,但是资源是有限的,如何利用有限的资源实现项目激励的最大效果依赖于项目经理的能力。

华为对项目团队成员激励的核心是"以奋斗者为本"。激励的关注点主要有三个:一是是否导向清晰,规则明确;二是是否结合业务特性、战略目标进行差异化处理,打破平衡的观念;三是是否有效应用激励政策,达成激励目标。

项目激励分为物质激励和非物质激励。

物质激励基于薪酬要素，主要包括工资、津贴、奖金、福利。物质激励中有五项原则：①激励要基于员工岗位职责、工作绩效以及人才市场竞争需求；②激励要基于业务管理需要，体现岗位独特价值和贡献或工作差异；③员工奖金主要取决于公司的经营状况、员工所在部门的业绩及其个人的绩效与贡献；④分享公司长期价值增长，鼓励关注长期目标，牵引绩效持续提高，促进关键员工保留；⑤激励要基于法律法规和业务管理需要，满足员工基本保障和生活需求。

非物质激励除举办部门活动、召开表彰大会等传统形式的激励，主要从项目团队成员的发展、健康和关系三个角度进行，如图 4-3 所示。

图 4-3　项目非物质激励

通过目标激励、发展激励、兴趣激励和参与激励满足项目团队成员的发展需求；通过改善工作环境，设计弹性工时，并给予适当的假期满足项目团队成员的健康需求；通过情感激励、榜样激励和荣誉激励满足项目团队成员的关系需求。

在对项目团队成员的激励中，项目经理要将物质激励和非物质激励灵活地有机结合，以达成项目成功所需的激励效果。

此外，华为为了鼓励一线项目团队成员作战，提升项目团队的凝聚力，还设计了诸如"总裁嘉奖令""英雄连""战地英雄""优秀专家""技术标兵"等荣誉，同时对获得荣誉的员工或标兵，公司和项目组会在绩效评价、奖金上进行倾斜，进一步鼓励团队成员出色完成项目，真正实现项目团队力出一孔、利出一孔。

4.2 体系化流程能力，扎硬寨打胜仗

经过多年的发展，华为建立起相对成熟的"以项目为中心"的运作管理体系，依靠平台和多种配套工具丰富项目管理方式，提升项目管理质量，确保项目高质量交付。通过总结多年的项目交付经验，同时借鉴业界的项目管理流程方法，华为开发了项目管理流程（PMP），并持续进行迭代。该流程汇集了华为项目管理的历史经验，通过标准化、规范化的流程，确保项目经理能够高质量地完成项目交付，实现"扎硬寨，打胜仗"。

4.2.1 持续优化迭代的流程

在业务持续增长时，为了能按时、高效、高质量地完成交付，华为设计了极简的业务流程并不断优化。质量与流程IT管理部员工座谈会明确提出："一切变革、管理、流程都要导向多产粮食与增加土地肥力，否则是无效的劳动。"不产粮食的流程是多余流程，多余部分创造出来的复杂性要逐步简化，消除流程断点，打通信息流。据此，华为对交付项目管理流程持续优化，力争用极简的流程架构，支撑项目经理做好"内务"

工作，确保一线项目经理有更多的时间和精力投入到项目交付中。

PMP 作为项目管理活动的指导流程，对华为全球范围内的项目管理业务活动进行了规范，包括分析项目、规划项目、建立（启动）项目、实施项目和关闭项目五个阶段。交付项目管理流程与 LTC 和 ISD 流程等耦合，确保项目交付能够有效支撑机会点管理与合同执行管理，使交付项目经理聚焦经营管理、客户满意度管理、集成计划管理和质量管理，确保项目目标的达成。

华为通过 PMP 定义项目交付全流程及项目经理交付过程中的全部动作规范，包括各种输出文件模板，将项目管理标准化、规范化，从而全面提升项目经理的项目管理能力。项目经理按照 PMP 在每个阶段规定的详细交付动作执行，实现了 PMP 对项目经理的全流程赋能。

PMP 主业务流活动包括主业务活动和评审活动两大类，其中主业务活动包含 7 个业务活动，评审活动包含 6 个交付评审点（包括 DRA，DRB，DR1，DR2，DR3，DR4），如图 4-4 所示。

图 4-4　华为项目管理流程（PMP）

1. 主业务活动

主业务活动包含 7 个业务活动，其内容如下。

（1）分析交付可行性。由交付项目经理组织技术总监、供应链经理和项目采购经理对交付可行性进行分析，输出交付可行性分析报告。

（2）制订交付方案。项目经理组织分析客户需求和任务委托书，识别项目界面、验收流程和验收标准、假设和约束条件，明确可交付成果，输出项目范围和交付策略；制订集成服务交付、供应、采购等高阶方案，以及制订项目里程碑计划，项目初始主计划，资源、供应、风险等计划，输出交付方案。

（3）建立项目组织。交付项目经理申请项目立项，生成项目编码，建立项目组织结构，明确项目成员职责，准备项目任命文件和授权书，输出项目编码、项目任命文件和授权书。

（4）交付准备和计划。活动内容有组织项目合同交底；建立干系人沟通机制；组织在集成交付平台上完成项目交付计划；组织制订工程转移方案；组织数字化交付的"战前"准备，定制项目业务流程和IT适配；确认项目预算，ISDP系统发布项目目标；组织项目开工会。该业务活动的主要输出包括：项目治理模型（governance model）、合同可交付性评估报告、项目计划和目标。

（5）监控和变更。活动内容有监控项目活动和关键任务执行及纠偏；监控预算、质量、风险、假设、转维[⊖]的执行和关键措施闭环；执行项目知识管理计划，同行互助；监控项目变更。输出每周项目状态报告。

（6）验收和移交。活动内容有获取验收证书；输出移交报告；输出验收证书和移交报告。

（7）总结和关闭。活动内容包括：项目关闭清单自检；审视项目质量目标以及各业务模块质量目标达成情况、遗留问题闭环情况；总结项目交付和经营情况；释放项目资源，关闭项目编码。输出关闭清单自检结果报告及项目总结报告。

2. 评审活动

评审活动包含6个交付评审点，分别是在分析项目和规划项目阶段设置的DRA和DRB，在建立（启动）项目阶段设置的DR1，在实施项

⊖ ICT项目场景中软件、硬件项目交付完成后，系统和设备进入维护状态，项目由前期交付状态转变为维护状态，简称转维。

目阶段设置的 DR2 和 DR3，在关闭项目阶段设置的 DR4。

流程是服务于业务的，并不是越全越好，而是要实现在不同的项目场景下，流程可以灵活定制，评审及活动可裁剪。项目管理流程编排和裁剪的规则有三个方面：一是主业务流可定制，即授权一线基于不同场景的业务特点和差异性，按场景定制主业务流和编排组件；二是交付评审可裁剪，即遵从项目管理流程交付评审管控和简化要求；三是业务活动可裁剪，即遵从项目管理流程中公司的内控要求。

4.2.2 场景化的能力组件

随着华为业务领域的拓展，项目种类不断增加，如通信基站网络建设、大型软件开发项目、应用平台项目、智慧城市项目、互联网数据中心（IDC）项目和 5GtoB 等项目，原有的单一项目管理流程已无法适应新形势下项目管理的需要。华为将知识域拓展为能力域，通过定义项目管理的 12 个能力域并构建 28 个项目管理业务能力组件，使项目管理过程能根据项目需求快速编排，支撑更复杂项目和新场景项目的交付。

现以网络通信部署建设组件编排为例，展示 12 个能力域及 28 个项目管理业务能力组件，并对其进行说明，如图 4-5 所示。

由图 4-5 可以看出，项目管理的 12 个能力域、28 个业务能力组件是可以在不同项目场景下被灵活调用、裁剪的，从而实现项目业务流的自编排。在华为项目管理中，我们识别和定义的 12 个能力域和 28 个业务能力组件覆盖项目交付全周期。其中，经营管理和价值管理的内涵基于实践提炼和总结。经营管理中管理项目经营过程并对其进行监控，价值管理主要是针对商业解决方案场景，对商业价值指标、业务用例、解决方案到价值交付报告提出系统化方法。

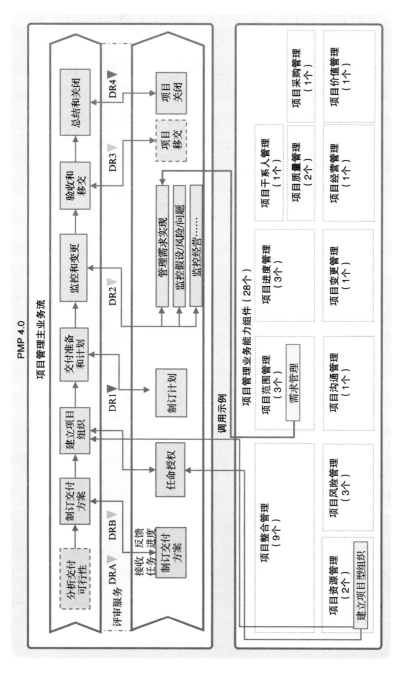

图 4-5 项目管理业务能力组件编排示例

4.3　组织级机制，让听得见炮声的人呼唤炮火

华为提出"公司的决策模式，一定要前移到让听得见炮声的人来呼唤炮火"。为了确保一线战斗部队能呼唤到炮火，在项目的组织上形成了以下机制：一是在 PMO 下设置 war-room（作战室），作为组织保障，作战室确保"以项目为中心"的转变落地和夯实，评审与决策发现和判断风险，使项目治理能有序开展；二是资源保障机制，资源是项目实施的前提，资源保障机制为项目治理提供了有力支撑。

4.3.1　交付作战保障

作战保障是项目管理办公室的重要职能之一。项目管理办公室（PMO）是在管理架构中实现以项目为中心的重要部门。PMO 要成为所有项目经理的"娘家"，在项目执行过程中遇到问题时为其提供帮助。

分设三个部分，分别为作战室（war-room）、项目管理能力中心（project management competence center，PMCC）以及项目管理质量保障（project quality assurances，PQA），如图 4-6 所示。

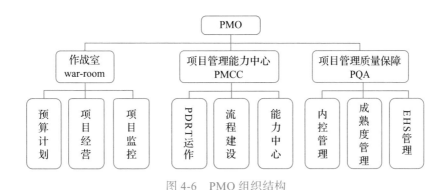

图 4-6　PMO 组织结构

作战室通过分场景保障团队对重大交付项目的问题和风险进行例行

扫描，持续有效识别、预警、监控并闭环管理重大项目交付与"客满"风险（客户满意度风险），建立"保障直通车"和联席决策机制，受理项目疑难和逾期问题。作战室为项目提供了保障，包括主动保障自动冒泡项目；重点保障重大经营项目、重大"客满"项目和各业务领域高风险项目。作战室对业务的指导内容包括：

（1）保障 EI（early involvement，项目早期介入）评审。场景保障专家参与 DRB 评审，输出项目风险和建议的应对措施，跟踪风险闭环。

（2）提供求助通道。除了常规问题的主动保障外，作战室为项目提供直通车通道，简化项目作战的求助过程。直通车受理范围覆盖全售前项目、交付项目及其他非项目范围内正常渠道逾期未解决问题、无明确责任主体问题（跨部门、多场景），以及突发事件、影响重大的问题等。

（3）确定作战地图。按照作战地图入围标准根据情况选定入围项目，确定作战地图，由作战室按计划从履约（进度、供应、质量、资源、技术）、经营、"客满"和发起人运作等进行有效保障，直到项目满足风险排除标准后保障关闭。

（4）管理项目风险。对于利用人工智能、大数据判断等方式自动扫描判断风险，由保障专家联合保障团队进行在线诊断和保障，直到风险关闭。

（5）提供客户满意度保障。保障范围包含日常保障和专题保障。日常保障主要防范重大客户投诉、问题管理升级等；专题保障主要针对部分特殊场景，比如针对"巴展"（全球最大的通信展会）进行相关客户满意度保障。

（6）提供固定和突发专题保障。

为了更好地保障项目作战，项目管理能力中心（PMCC）的主要职责包括对项目交付评审团队运作负责，进行流程建设。此外，PMCC 作为能力中心，通过加强业界合作联合场景专家进行研究、架构、开发、导入、沉淀，提升通用项目管理能力；通过知识推荐、社区运营、同行协助等方式提供知识服务，并营造"乐于分享"的学习氛围，提升知识资产变现力；通过树标杆、建样板、成立论坛和业界联盟活跃项目管理的文化氛围，提升项目管理的影响力和项目管理岗位的吸引力。

项目质量保障（PQA）负责内容包括内控管理、成熟度管理（PPMM）和 EHS 管理（environment,health,safety management）。PQA 组织是建立在 PMP 流程上的质量保证组织，应用质量管理方法从事风险管理活动，其主要职责不仅包括保证交付项目管理生命周期质量，而且要协助项目识别、抑制或减缓有损项目成功的风险。其三项职责的具体工作内容如下。①内控管理：执行项目稽查，揭示问题，持续改进。②成熟度管理：用专业的工具和方法，监控保障项目生命周期的项目管理质量，依据"三个正确""九个要素"进行量化度量，明确项目重点关注的质量问题。③ EHS 管理：持续进行 EHS 培训，杜绝致命事故。

项目管理决策组织由两个团队构成：项目销售决策团队和项目交付评审团队。前者负责项目的销售决策职能，后者主要承担 PMP 中定义的交付项目评审点的评审职能，输出专业评审综合结论，支撑销售决策团队进行决策。在项目治理体系中，在线评审与决策确保了项目治理的有序开展。

项目销售决策依据层级建立相应的决策机构，按照项目规模分层分级进行项目决策。

项目交付评审团队实行委员会制，集体评审，以多数意见为结论。团队主任可行使否决权。

PMO 定期对 SLA 满足情况、各领域专家评审意见质量、综合评审人评审结论质量进行评估。各级项目交付评审团队专家资源池名单定期更新，更新后的专家团队名单由 PMO 组织各领域会签生效。

由于线下协同难度大且效率低，项目交付评审团队评审采取线上方式进行以提高效率。

在线协同，包括作业协同在线、评审在线和分析管理在线，提高了效率。但前提是各个业务模块的优化及数字化能力，这样才能做到随时、准确呼唤炮火。下面以风险假设智能推荐为例。历史识别风险假设主要依赖个人能力，存在项目风险识别错误、不全面、类别归属错误等情形，导致风险无法有效在项目组进行管理，同时也影响组织监管。为继承历史经验，华为按照项目场景维度整理了各场景常见风险假设样例，由专家逐条给出应对建议与最佳实践，并将样例录入系统，在项目管理平台上开发智能推荐功能。用户在新增风险假设时，系统自动推荐相同场景下的相关样例，规避风险遗漏，便捷录入，为用户识别风险假设提供借鉴查询通道，该功能对评委也是适用的，可以帮助提高评审质量和效率。

4.3.2 资源保障机制

资源是项目实施的前提和根本，其中人力资源更是至关重要。针对人才资源信息缺乏共享、使用效率不高等问题，华为设计出台了资源保障机制。

资源保障机制实现了"养兵与用兵分离"。项目作为需方呼唤和使用资源，资源部门作为供方筛选、培育、调配资源，如图4-7所示。

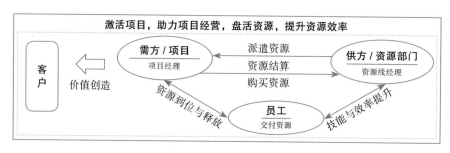

图 4-7 资源保障机制

资源保障机制的本质是在正确的时间把具有正确技能的资源高效配置到正确的项目中。项目组根据需要提前提交资源计划，资源部门将汇集的资源计划进行评审，在通过评审后准备资源，确保资源按计划分派给全球各个项目。

对员工在项目中的现场表现和绩效贡献例行进行评价或在释放资源时评价，项目结果作为员工绩效考核依据，项目完成效率、项目质量与奖金关联。项目经理可以自行考核或授权他人对资源进行评价。

资源保障机制中，对资源进行派遣需遵循三个总体原则。

（1）按预算申请。以预算内的需求为基准提出申请，资源部署经理按需提供合格的资源，原则上项目无预算不能申请资源。

（2）就近原则。以成本最优为目标，项目资源需求优先由本区域资源满足，在区域资源闲置的情况下，可满足其他区域的项目需求。

（3）优先原则。当资源需求冲突时，按照"计划内资源需求优先，作战地图上的重点保障项目资源需求优先"的次序满足。

人力资源管理系统中建立和保存了员工的能力档案，包含员工的任职、技能水平、项目经验、个人擅长点、当前所在项目状态等情况介绍。当项目需要人的时候，可在人力资源管理系统中搜寻全球范围内的合适资源，双向沟通达成一致后，项目向锁定人员发出资源请求单，相关部门受理后，派遣人员依据项目计划安排，投身到项目岗位中。

本章小结　　华为的项目治理之道顺应时代的发展趋势，构建以项目为中心的体系打赢"班长的战争"，关键在于建立项目型组织，通过在项目执行时对团队成员授权与激励实现"力出一孔，利出一孔"。同时，构建体系化项目管理流程和能力来实现"扎硬寨，打胜仗"，项目管理流程持续迭代优化，实现场景化的流程极简以达到

高效。项目管理流程将项目管理从依赖项目经理能力转变为依托平台，降低对个人的依赖，通过规范灵活可编排的流程、可调用的场景化能力组件、相对完善的制度确保高质量完成项目交付。通过作战室保障、在线评审与决策、资源保障机制实现"让听得见炮声的人来呼唤炮火"。这些机制和措施构成了华为的"为项目管理"，是项目治理之道的根本和关键。

5

第 5 章

数智之道

华为项目管理能力除了体现在项目管理人员的能力和组织治理的机制上，还反映在工具和平台的有效助力上。在长期实践中，华为项目管理在工具和平台开发应用上付出了巨大努力。从外部引进到内部开发，从单体工具到集成服务交付平台（ISDP），华为走出了一条艰辛、曲折而又成功的数字化转型之路。集成服务交付平台的广泛应用，支撑了从单项目管理到组织级运营的管理改进，助力了交付模式的数字化转型，并且结合知识管理，应用知识图谱、AI 等技术，实现了随时随地赋能。

5.1 项目管理数字化转型

5.1.1 数字化探索之路

华为项目管理的数字化历程大体经历了两个阶段，即 2013 年之前单体业务的信息化、工具化和 2014 年至今的集成作业的数字化、平台化。

1. 单体业务信息化、工具化

（1）单体业务的信息化系统建设。

1）工程信息化（工程项目管理系统 EPMS）。在华为进入工程服务领域时，EPMS 是支持全球工程业务全过程的管理系统，提供从合同、生产、货运、安装到终验的完整工程业务信息流，是公司财务确认收入的重要数据来源。EPMS 自 2003 年 10 月上线使用，面向公司员工和合作单位员工提供互联网外部访问，用户可以从 EPMS 获取所需的工程信息，以及录入和上传相关的工程信息。

2）流程信息化。这一阶段项目交付经验逐步固化到交付流程，并由职能部门牵头，逐步建立和实现了"流程的信息化"。2009 年集成财经服务（integrated financial services，IFS）流程，2010 年问题到解决（issue to resolution，ITR）流程，2011 年工程采购、线索到回款（leads to cash，LTC）、供应链管理（supply chain management，SCM）等流程陆续发布。与此同时，2011 年发布了服务交付（service delivery，SD）流程第 1 版，即 SD1.0，其参考增强电信运营模型（enhanced telecom operations map，eTOM）及项目交付特点构建，支撑咨询、规划、部署、保障、运维等服务交付。2013 年企业资源计划（enterprise resource planning，ERP）、客户关系管理（customer relationship management，CRM）、SCM 等系统上线，标志着公司核心流程数字化完成。

（2）单体业务的工具化系统建设。

1）站点交付管理系统（iSite）。随着交付项目规模越来越大，场景越来越复杂，特别是海外通信业务蓬勃发展，大量通信站点开始建设，管理好通信站点的交付成为项目成功的基础。考虑到普通的管理方式（如 Excel 表格）已经不能满足站点管理的要求，而且低成本、快速交付的服务解决方案需要专业的项目管理工具的有力支撑；此外，多厂商无线网络搬迁、交钥匙项目增多，网络越来越大型和复杂，需要提升项目管理能力，于是，华为依托多年的工程管理经验，针对电信工程项目管理和站点管理自主研发了 IT 管理系统 iSite。2008 年 iSite 站点实施管理系统上线，承载工作流管理、站点信息管理、站点问题管理、站点进度管理、报表管理、文档管理、质量管理等功能。iSite 具有数据准确、汇报规范、可视化的特点，应用 iSite 管理项目实施，不仅可以提高站点管理效率、增加工作的透明度，还可以有效管理站点工程质量和进度，但 iSite 也有一些不足，如集成性不够、用户体验欠佳等。

2）计划管理系统（iPlan）。针对项目组交付过程中各模块计划不集成、收集汇总信息慢、电话邮件沟通信息失真、进度统计表格版本多、供应情况不可视、各级 PMO 月度手工制订交付计划和统计进展效率低等问题，且 iSite 缺乏相应的功能，华为开发上线了项目计划管理系统 iPlan。iPlan 集成主计划、站点实施计划、供应计划、资源计划、代表处业务计划和多项目计划管理，将所有计划业务统一到一个数据库平台，员工可通过实时在线、电子邮件、手机 App 等方式对接系统，获取系统自动生成的汇总报表及看板，极大地提高了计划管理的效率。iPlan 虽然实现了单项计划业务管理功能，但也存在一些明显的不足，如缺乏与周边系统的集成，性能无法满足大规模作业场景的需要。

在此期间，华为引入了 IBM 的 RPM（rational portfolio manager）工具，它具备通常的项目管理功能，可以管理从项目启动到结束的项目全生命周期各领域活动，但针对华为项目管理业务领域易用性不佳；同时在部分项目中，也引入了 Oracle Primavera P6 Professional，虽然解决了部分场景下项目计划集成和资源调度的问题，但在适用性和普及性上都有局限。

2. 集成作业数字化、平台化

截至 2013 年底，华为在项目管理领域探索过多个自主开发和外部引入的信息化、工具化的单体工具，但从实践结果看，单体信息工具已经不能满足业务快速发展的要求，华为迫切需要开发一个统一的集成数字化平台。于是 2014 年 3 月，华为成立了专门的变革项目组，项目成员包括交付、供应、采购、财经、流程 IT 等领域的专家，确定了业务变革的目标是交付作业的"高效、简单、有序、可视"。

业务变革主要包括如下几个维度。

（1）项目管理维度：既要实现项目协同管控，提升项目交付管理效率和经营管理能力，又要实现项目计划与资源计划集成管理，提升业务运营效率。

（2）交付方案维度：要根据标准服务产品设计交付模型，支撑服务配置和成本测算；要确立交付方案作为交付源头，支撑服务上 ERP 等，促进有序交付。

（3）交付作业实施维度：优化实施排程与调度，简化管理协调层次，提升实施管理效率；开发 / 整合作业辅助工具，实时反馈状态，过程可视、可控、可度量，提升作业效率。

（4）交付信息资产维度：建立公司级站点作业数据标准和规范，端到端拉通站点作业信息，实现数据共享。

2014 年 8 月，"ISDP" 正式命名。ISDP 方案框架如图 5-1 所示。

ISDP 的定位是致力于打造面向一线交付项目组的集成交付作业平台，目标是推动合同、人、财、物的集成，实现服务交付的有序、高效、可视，主要聚焦以下四点：

（1）五大协同。交付项目组对外与客户、分包商充分协同；对内同周边系统、内部核心成员 C8 和财务做好协同。

（2）平台集成。合同、物料、资源、财经信息在平台上充分集成；实现数据同源，信息传递准确、到位、高效。

（3）可视、可管理。通过平台看板、经营报表，实现对项目关键经营结果可视、可管理。

（4）移动应用。项目组成员通过移动应用了解项目信息（范围、定价、合同分析等），实时掌握计划、站点、货物、人员、分包商的情况。

在此目标和设计牵引下，经过项目组近一年的辛勤努力和全心打造，ISDP 集成服务交付作业平台于 2015 年年中上线，实现了五大应用：项目管理、实施作业、交付信息资产、工具装备和移动应用。用户（华为、客户、合作方三方）在平台上完成整个项目管理工作，在"规划、设计、勘测、签收、质量控制、调测、验收"等交付作业过程中可以按需灵活调用、即插即用相关工具装备，并共享交付信息资产，实现了行为即记录，记录即数据。ISDP 平台架构如图 5-2 所示。

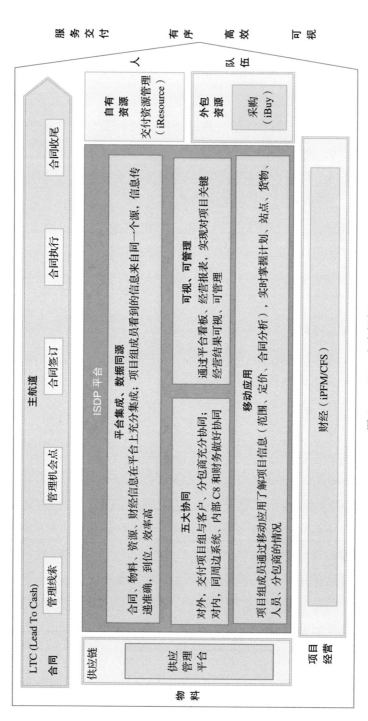

图 5-1 ISDP 方案框架

图 5-2　ISDP 平台架构

5.1.2　数字化平台打造

项目管理数字化转型之路，重点是数字化平台的打造。ISDP 的打造，经历了顶层设计、产品打造、联合试点及发布、跨行业提供 SaaS 云服务等能力外溢四大阶段。

1. 顶层设计

（1）愿景驱动。华为交付经历了基于责任与经验的人的交付（交付 1.0）、代表专业与担当的专业化交付（交付 2.0）阶段，目前进入了交付 3.0 阶段。交付 3.0 的愿景是数字化交付，以实现交付的"卓越与创新"。

（2）业务驱动。在 ISDP 变革项目立项时，公司一致明确了"ISDP 是一场业务驱动的变革，是公司服务交付的第一个集成作业平台"。为此，公司组织各领域业务专家，封闭数周，从前到后，拉通了销售、供应、采购、交付、财经的流程，从上到下，打通了从决策评审到项目管理、实施作业的关键节点，从里到外，贯通了从华为到客户、分包商的协同，以项目管理的视角通过梳理、集成公司项目相关的流程，设计了端到端的项目管理和作业活动流，这也是公司第一次系统性地对项目集

133

成业务进行全面梳理和顶层设计。在立项审批会上，领导组组长听完"一张胶片一套业务流"的汇报后，沉默良久，然后一语掷地："漂亮！这张业务全景图我们已经等了好久了，平台什么时候上线？"

2.产品打造

华为按照打造产品的方法来建设 ISDP。对于 ISDP 产品的打造，从设计到实现，我们总结出了 4 个"打法"，即需求驱动、价值交付、敏捷运作、体验为王。

（1）需求驱动。从需求中分析价值："项目痛点是什么？哪些是高频的？哪些是刚需导致的？"这"灵魂 3 问"是项目组进行需求访谈、收集、整理、分类、提炼时采用的基本方法。需求收集后，经过头脑风暴、价值分析、基于 BSA 模型的排序，最终为产品要实现的价值及应用场景找到答案：①提升效率（减少"夜总会"[⊖]，解放"表哥表姐"[⊜]，实时现场作业）；②降低成本（人货协同，减少重复上站，进行无纸化管理）；③提高质量（提高计划准确率，一次把事情做好，监控现场质量）；④目标用户是客户、华为、合作方；⑤应用地点在站点、在作战室、在参谋部。每一个专题需求，经过需求识别、价值分析、评估排序，得出设计、开发的优先级。

（2）价值交付。通过 ISDP 实现价值交付，我们总结了价值驱动开发方法——"一环、两圈、三步"。ISDP 价值流图（value stream map，VSM）如图 5-3 所示。

⊖ 为了更好地服务客户，满足客户需求，项目团队经常是白天与客户一起解决问题，晚上团队内部围绕当天的工作进行梳理和讨论，同时由于存在时差，海外办事处经常需要利用晚上的时间与机关职能部门开会或解决问题，华为内部称为"夜总会"。

⊜ 在项目交付过程中由于缺乏配套的系统性的工具和平台，各个项目组成员制作了各种信息管理的表格，每天需要进行及时的维护和刷新，耗费大量人力物力，我们称为"表哥表姐"。

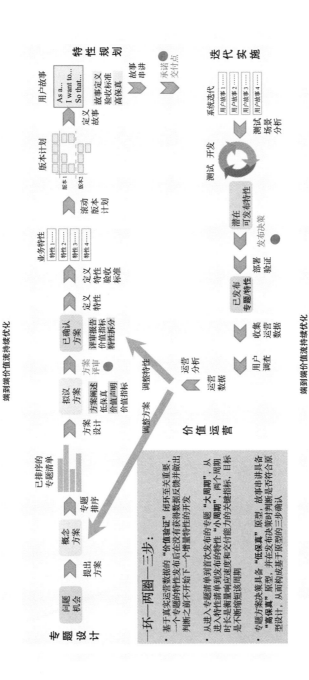

图 5-3　ISDP 价值流图

1）一环：从问题和机会出发，围绕业务需求，经过专题设计、特性规划、迭代实施到价值运营，为"一环"。这一环的关键在于基于真实运营数据的"价值验证"闭环，一个专题的特性发布后，在没有获得数据反馈并做出判断之前，不开始下一个增量特性的开发。

2）两圈：大圈针对专题，从对专题的规划，到方案设计、评审确认，直至专题迭代实施上线及方案调整优化，为"大周期"；小圈针对专题对应的各项特性，从特性规划、设计，到定义用户故事，直至特性发布及特性调整优化，为"小周期"。两个周期时长，是衡量响应速度和交付能力的关键指标，目标是不断缩短该周期。

3）三步：主要指设计、规划和实施中的三个关键点。关键点一是专题方案决策具备"低保真"原型，此时的关键即方案评审；关键点二是用户故事交付给开发时具备"高保真"原型，此时的关键即开发承诺交付点；关键点三是进行版本发布决策时判断是否符合原型设计，此时的关键即决策发布点。

（3）敏捷运作。在深度卷入一线业务用户的情况下，为了快速响应用户需求和优化、循环迭代、打造高品质产品，我们做到了"三微"敏捷运作，即微组织、微权力和微服务。ISDP 微运作架构如图 5-4 所示。

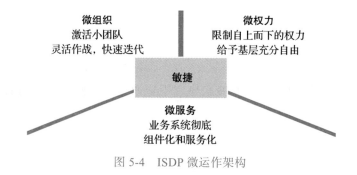

图 5-4 ISDP 微运作架构

1）微组织：敏捷开发"铁三角"——业务代表、业务架构师和 IT 开发，小团队灵活作战、快速迭代。

2）微权力：基于需求快速响应的初衷，项目组充分授权"铁三角"，在需求分析、设计、开发、测试、上线过程中，只要是价值可达成的情况下，都有充分的需求闭环的自由决策权。

3）微服务：通过服务化彻底将业务系统进行分层解耦，构建弹性的规则库来支撑自定义业务流程，搭建灵活、稳定的应用架构，提升了实施交付的效率；并支持"项目级"灰度定制功能和发布，快速小范围验证业务需求和价值实现。微服务增强了系统柔性，支撑了不同用户对系统的定制化使用，可以灵活剪裁组合各种功能。

通过敏捷运作，实现了 ISDP 开发的小步快跑，迭代演进。仅 2016 年，迭代版本就有 31 个，平均版本交付周期为 10.7 天，满足了项目组的需求。

（4）体验为王。良好的体验会极大地影响用户对产品的态度，以下几点可以大大提升用户体验。

1）产品如老朋友一样懂你：好的体验需要理解用户的角色和经历，为其提供清晰的业务旅程，在用户使用产品时提供流程向导进行全程指引，并能实时响应用户，提供在线支持及建议。

2）产品支持业务自编排能力：通过对业务的解构分类，ISDP 从"编排＋生态"产品设计角度归纳设计了卡片看板报表、业务流、用户界面（user interface，UI）、应用编程接口（application programming interface，API）服务和业务对象 5 类编排场景用例，不仅覆盖了当前用户需求，而且考虑了未来用户需求的发展态势。用户通过无代码或低代码的方式对 ISDP 提供的微服务原子能力进行逻辑关系和时序关系的组装，自助闭环需求，实现了以用户为中心，支撑业务能力可定制编排。

3）产品体验高标准：在 ISDP 系统体验上，做到 3 个"100"。

一是关键页面 100 ："1"眨眼，操作"0"故障，发布"0"中断。即系统页面在一眨眼的时间内打开，系统操作不发生故障，新功能发布不引起系统中断。

二是项目入口 100 ："1"通道，系统"0"切换，集成"0"等待。即项目空间可通过唯一通道进入，因为系统已经实现了与周边系统及工具的无缝集成，用户进入项目空间后无须再做任何切换即可顺畅使用各项功能。

三是项目运营 100 ："1"站式，沟通"0"距离，汇报"0"胶片。即项目运营相关的功能已经一站式部署，用户可以灵活使用实现沟通零距离，项目汇报也无须再额外制作胶片，直接登录系统查看报表及详细数据。

3. 联合试点及发布

ISDP 的全球试点部署在策略上分三个阶段，即从 1 到 N 再到 M。建立"样板点项目"为 1，典型场景的深度应用为 N，分批规模推广为 M，逐级推广到全球。

我们选取了能够涵盖主要业务场景的某国项目，确定了"9 个自动化"，并据此划分方案团队，目标是合同订单处理周期从数十天缩短到数天，验收周期减少数天，实现端到端效率提升，验收加快"1"个月。某国样板点项目变革目标如图 5-5 所示。

在试点过程中，一线项目组用户和开发团队 1+1 配置，充分融入、互锁，力出一孔，利出一孔。过程中，项目成员下站点，以实战经验完善整体方案；项目成员上系统，以实际操作提出优化建议，体现了真正的联合开发试点和应用。

随着试点方案验证的日趋成熟，典型场景在欧洲某国、中国、东南亚某国深度应用后，为快速把 ISDP 向全球推广并实现规模化应用，

2015 年 7 月 28 日，ISDP 第一届发布会召开，一举推出了高效规划治理、实时计划集成、智能实施排程、自动交付执行、可视交付地图、便捷移动应用、智慧数据分析、共享专家经验"八大撒手锏"，开启了交付数字化变革之路。

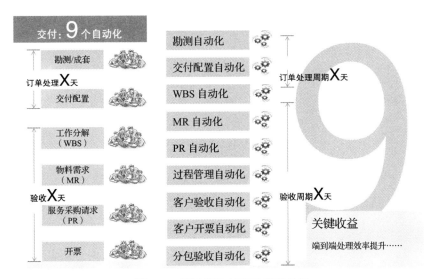

图 5-5　某国样板点项目变革目标

2016 年 7 月 28 日，时隔一年，ISDP 按约再次发布，在三大维度上重新定义了交付：①重构了作业模式，包括增强的数字化智能计划、智能经营、项目驱动资源、敏捷执行、看得见的质量等；②重铸作战利器，移动端（mobile）、无人机（UAV）、AR/VR 穿戴设备等应用于交付领域，突破时间、空间和人的界限；③重建交付生态，打造了面向不同用户角色的定制服务（customized）、面向客户的连接服务（connected）和面向所有人开放的开发平台（open）。ISDP 第二届发布会价值点如图 5-6 所示，在应用场景上进一步扩展，在数字化上融合了智能化，通过"SIMPLE"[⊖]作业模式让项目交付模式更简单,通过智能作战利器让交付作业更高效,通过融合交付生态让交付体验更丰富。

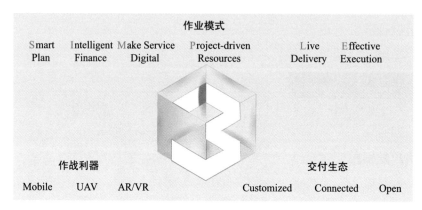

图 5-6　ISDP 第二届发布会价值点

本届 ISDP 发布会对全球项目组影响很大,项目组主动申请试点、规模运用、共同开发。ISDP 项目组运用"五入"的推行实践指导来做运营管理,如图 5-7 所示。

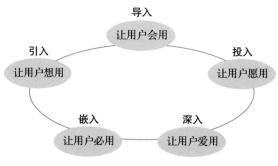

图 5-7　ISDP 推行实践指导

⊖　smart plan,制订灵活计划;intelligent finance,财务自动核算;make service digital,服务数字化;project-driven resources,项目驱动资源调配;live delivery,及时交付;effective execution,高效执行。

一是引入：广泛听取一线用户声音，提炼价值方案，总结一线应用实践，进行有针对性的宣讲和发布，让用户想用。

二是导入：ISDP 相关功能上线后，组织了数期金种子培训，录制在线公开课，针对项目组关键成员 C8 等相关用户进行了地毯式培训，让用户会用。

三是投入：对项目组的关键干系人、国家代表 / 交付负责人、区域总裁 / 交付负责人持续"松土"，确保项目有足够的投入，让用户愿用。

四是深入：通过对活跃用户的持续关怀、对高频功能的持续优化，让用户爱用。

五是嵌入：让数字化平台成为大家工作使用的生产系统，使项目管理和交付作业关键路径上的用户必用。

4. 跨行业提供 SaaS 云服务等能力外溢

2020 年初，ISDP 月度活跃用户数量增长到 8 万以上，特别是随着集中共享业务的持续发展，高频重度用户快速增长。基于微服务理念打造的 ISDP 平台，灵活、快速地实现了对不同项目规模、应用场景的全覆盖，平台从首次发布时支持的 6 种产品（无线、微波、土建、光网、数通、IBS（室内解决方案））到能够支持 16 种产品（OSP、FTTx 等）仅用了一年时间。同时作为项目管理能力外溢产品，ISDP 也开始向通信、电力、矿业、能源、市政、交通、建筑等行业和合作伙伴延伸。通过 ISDP，华为携手客户与合作伙伴，围绕"以人为本、提效降本、指挥在线"三大价值主张实现共同价值。ISDP 从公司内部海量应用到产品化、面向行业提供解决方案，推出了赋能千行百业的项目管理平台 ISDP+。

2020 年 9 月，ISDP+ 现场作业 SaaS 云服务上架，支撑按行业、按客户灵活组合，面向通信、电力、矿业、能源、市政、交通、建筑等行业提供产品与多种专业服务相结合的解决方案。依托华为云整体优势，通过内外部大规模用户全球月均 3000 万次以上的反复调用、持续优化性能并扩展应用范围，ISDP+ 重点聚焦现场作业的人员安全、作业质量、作业人员、生产资料、作业任务、实施计划与生产经营的整合管理，助力企业客户高效实现三大价值：①从关注事到关注人全程主动式安全管理，实现以人为本；②一次性把事做对，进行全面质量管理，实现结构化提效降本；③指挥在线，一键直达现场，实时掌握业务全貌。ISDP+ 的"6+2"价值场景下"端管云边服"解决方案，如图 5-8 所示。

图 5-8　ISDP+ 的"6+2"价值场景下"端管云边服"解决方案

ISDP 产品的打造从 0 到 1，从 1 到 N 再到 M 的持续演进充分体现了交付人的进取精神。ISDP 产品开发与运营团队从用户 / 客户需求开始，以用户的价值 / 刚性需求为中心，打通了项目交付相关的各大系统，融入了华为 20 多年的交付实践和交付能力，让华为交付人"价值实现"的梦想照进了现实。

5.2　数字化使能，模式转型

经过在全球交付项目中持续地推广、使用和迭代演进，ISDP 的功能、性能、易用性均得到了极大的优化和提升，为项目级的数字化实践及组织级的数字化运营提供了强有力的支撑，也为交付模式转型提供了必要的工具和平台。

5.2.1　项目级的数字化实践

项目数字化的本质，是项目团队应用数字化产品，提升交付效率和质量，提高客户满意度和交付体验。ISDP 的应用使能华为的交付项目，助力华为用数字化、智能化的方式轻松玩转项目的 6 个"到"。

（1）"人"到：项目组任命，一挥而就。项目组可以基于交付场景，快速搭建项目组织架构，在线完成任命，一站获得授权；针对关键人员，对比目标的历史基线，推荐完成各 KPI 设定；关键决策时可自动、智能识别项目启动关键路径，自动评估，在线决策全程可视。

例如，在 T 国 A 项目中，全新的 5G 项目启动涉及 100 多人的任命，需要 10 多个部门的协同，给项目经理带来大量沟通工作。项目经理应用 ISDP 的任命授权功能，快速在线上获取任命以及人、财、物的授权，项目成员在项目大规模启动前及时到位和集结。另外，在项目交付过程中，通过应用 ISDP 的数字化目标 KPI 管理，团队目标清晰，奖罚分明，士气高涨，使命必达！

（2）"看"到：项目状态，一览无余。项目组成员对项目整体进度、分包、物料供应情况了如指掌；从项目全局到网络、站点，交付全程状态可视；站点信息的规划、勘测、实施计划、作业数据清晰可查。

例如在 C 国，项目组、合作方、客户三方共同使用 ISDP 进行管理，施工作业在线协同可视，同时借助项目管理大屏建立数字化作战室，"作业—运营—指挥"实时联动，实现了项目管理的可视、可管、可闭环。

（3）"想"到：目标计划，一气呵成。项目组可以在线智能实现客户目标主计划与供应计划、人力计划、采购计划的拉通，同时支持项目财务的预算、预测的自动管理，直至目标、经营结果的达成。ISDP 主计划驱动集成计划功能如图 5-9 所示。

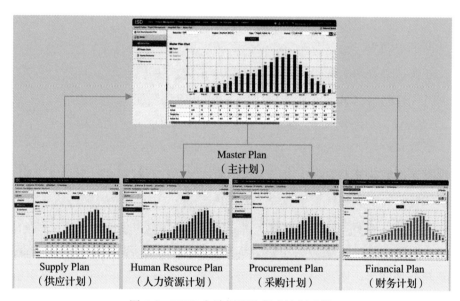

图 5-9　ISDP 主计划驱动集成计划功能

（4）"做"到：项目作业，一触即发。发挥平台的排程调度能力，通过拉通客户、华为、分包商三方流程，完成站点自动排程、智能调度，任务自动流转，报告自动发送，大幅度提高了执行的效率。

例如某国大型项目，使用正排、倒推等多种业务场景的自动排程功能实现自动排程，一键刷新关键里程碑计划，前序任务完成后自动派发后续任务，无须人工干预，系统发送定时订阅报告（客户报告、内部分析监控）给项目成员，使 2500 个站点的系统作业排程时间从 6 小时缩短到 4 秒。

（5）"达"到：作业实施，一步到位。ISDP 将专业工具集成在作业流各个环节上，使交付作业自动化、智能化，作业一键自动、高效完成，一次通过，减少了重复工作，显著提高了作业效率和质量。ISDP 作业自动化端到端关键方案如图 5-10 所示。

端到端方案中的典型应用场景有：①数字化勘测设计，通过全景测量、光学文字识别（optical character recognition，OCR）和全景合成实现智能全景勘测，通过专家经验封装和 AI 智能推荐实现智能设计；②数字化作业，通过站点现场全覆盖的固定和移动监控以及 AI 智能识别，自动预警环境健康安全（environment，health，safety，EHS）风险，智能头盔、EHS 装备、功能腰带等现场工具装备及专家 AR 协同有力支撑现场作业；③集成化调测，实现数字化作业云端协同，端侧在线实时排障，云侧实现专家经验脚本自动化，集成流程编排、结果校验、报告自动化；④智能化验收，实现硬件智能审核和软件实时自检，多方联合远程视频验收，免于上站，自动生成验收报告并完成 AI 报告审核。

（6）"得"到：一劳永逸。行为即记录，记录即数据，将数据标准化，做到数据同源。在项目交付过程中形成的能力模板、勘测设计数据、验收报告等，按需在新的项目中循环使用，使项目的过程资产代代传递，实现了属地的跨项目数据共享。

华为项目管理数字化实践的"6 到"，从根本上改变了项目交付模式，通过持续的迭代和优化，不断赋能华为的项目管理，为华为的数字化变革和交付模式转型打下了坚实的基础。

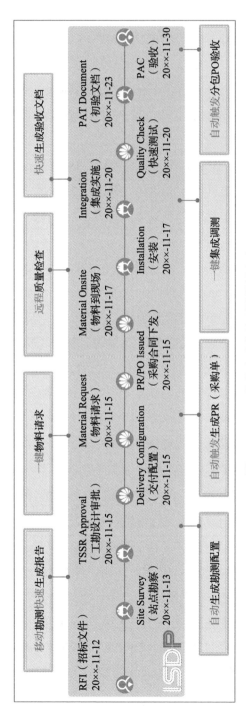

图 5-10　ISDP 作业自动化端到端关键方案

5.2.2　组织级的数字化运营

在充分使用 ISDP 的基础上，华为启动了组织级的数字化运营，通过项目资源快速集结、项目数字化运营、数字化交付保障等手段，有力地支撑了以项目为中心的交付作战和组织级的数字化运营。

1. 项目资源快速集结

项目组作为一个临时组织，所需资源一般都要通过平台获取。项目启动后，自有和合作资源的及时、快速集结，就成了项目经理的头等大事。ISDP 提供了一站式项目团队快速搭建及基于项目的资源快速集结（包括资源需求提出，以及资源寻找、匹配，部门审批，资源到位）的能力，让一线能及时呼唤到炮火，并做到招之即来，来之能战。

2. 项目数字化运营

项目数字化运营是指以项目数据为基础开展的经营活动，是线上、线下相互融合并创造价值的经营方式。项目管理数字化包括对象数字化、规则数字化和过程数字化三个维度。对象数字化是指持续推进项目管理下的业务对象数字化，丰富数据源，将业务活动逐步数据化，使业务活动与数据形成"数字孪生"；规则数字化是指通过规则数据实现业务规则与应用解耦，实现规则可配置，即在数字化平台上建设规则库，用可编排的规则快速应对变化的业务，实现风险识别和业务管理的自动化；过程数字化是指通过观测数据实现业务过程和轨迹自记录，通过用户行为分析，持续提升用户对数字化产品应用的体验。

为了运营好数字化资产，更好地发挥运营使能的价值，基于对象数字化、规则数字化、过程数字化三个维度，华为设计构建了"从数据到业务"的运营框架。首先，充分利用数据能力，为运营用户和工具使用提供方法，提升数字化运营能力；其次，通过精简、优化指标构建结构化指标体系，支撑分层分级高效运营；最后，为运营标准化提供规则，同时将规则数字化，并通过相关平台承载。数字化运营框架如图 5-11 所示。

数字化运营指标的设计有以下四步：第一步，构建从需求分析到业务指标的映射，使指标充分反映业务及干系人的诉求；第二步，构建从业务指标到流程的映射，校检指标是否打点[⊖]在各级流程上；第三步，基于流程视角建立指标库，形成结构化指标集；第四步，构建从业务指标到 IT 的映射，实现指标与数据服务的握手。

通过上述四步构建了一套数字化运营指标体系，本质是基于 4A 架构（业务架构（business architecture，BA）、信息架构（information architecture，IA）、应用架构（application architecture，AA）、技术架构（technical architecture，TA））指标，结合项目管理实践和业务要求构建指标拓扑图。为支撑数字化项目管理发展，华为结合多年的项目管理度量指标运营经验和项目绩效 PBC，对现有指标重新分类、重构，设计出一个数字化运营指标模型，用于指导运营指标体系的建设。指标模型包含 7 个指标维度：价值目标 KPI、成本效用（Cost Effectiveness）、人员生产效率（Staff Productivity）、流程效率（Process Efficiency）、周期时间（Cycle Time）、用户体验（Quality of Experience）、安全可信（Trustworthiness）。指标模型内容如图 5-12 所示。

为了更好地规划数字化项目运营能力发展方向，华为在运营实践中总结出如图 5-13 所示的运营能力控制图。由该图可以看出，当前华为数字化项目管理运营能力已经从可视化层面升级到数据分析和辅助决策层面。

⊖ 通过补丁或者新增程序完善系统功能，俗称打点。

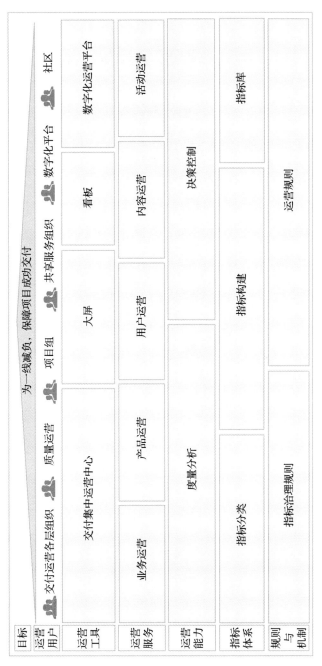

图 5-11　数字化运营框架

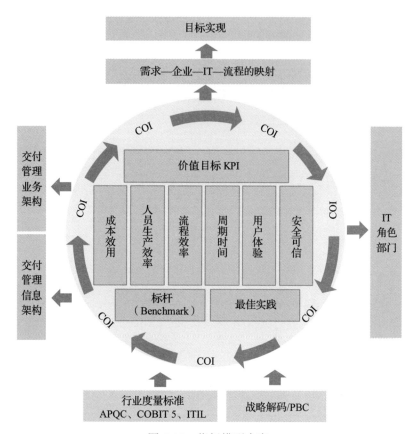

图 5-12　指标模型内容

注：COI，持续运营改进。

　　运营人员经常需要对发生的问题追根溯源，对每一个指标需要不断地分解，了解其详细情况。每个运营指标背后都有很多"故事"，运营就是要管理指标背后的"故事"，要经得起"五问"。比如，华为总结的运营管理"五问"如图 5-14 所示。

　　指标之间、业务 / 作业活动之间不是孤立的，而是形成了一个互相影响、敏感的整体网络。针对作业问题形成改进任务和建议，日清日结闭环，是运营的核心能力之一。

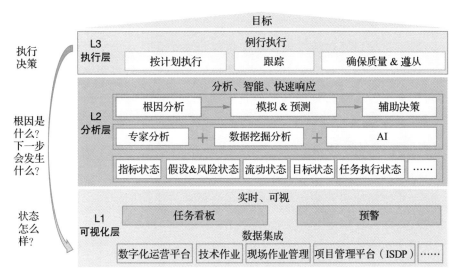

图 5-13　运营能力控制图

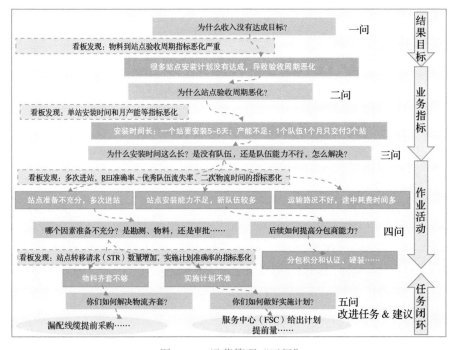

图 5-14　运营管理"五问"

3. 数字化交付保障

数字化项目管理的发展，使交付保障扁平化，从分层分级保障转变为远程集中保障。数字化交付保障的目标是助力项目成功交付、智能化运营，牵引能力的持续提升。在业务领域，交付保障集中运营中心的交付保障专家通过数字化工具，从风险项目识别、诊断／支持、监控／预警、关闭／总结等环节，对全球重大交付项目的问题和风险进行例行扫描，持续有效识别、预警、监控和闭环管理重大项目交付与客户满意度风险，并按照项目管理流程规则，在交付项目生命周期内，提供端到端的交付保障。数字化交付保障架构如图 5-15 所示。

相比传统交付保障，数字化交付保障从组织上把以区域接口控制人员进行单兵作战的模式，变成了以全功能保障团队进行团队作战的模式。在保障活动中，把风险项目区域逐层上报，传统的人工制作作战地图、组织保障会、邮件通知进展的运作，转变成系统全场景自动扫描，实现在线实时作战地图、在线预警、在线进展通报的全活动的数字化保障，使交付保障更全面、实时和精准。

5.2.3 交付模式转型

在公司全球业务中，时常面临当地货币贬值、油价上涨、持续通胀和等经营环境变化的情况，导致分包商涨价诉求强烈、交付成本上升、项目经营困难。通过 ISDP 项目级的数字化实践和组织级的数字化运营，实现了"3 个"打破：一是打破项目边界，变烟囱型人力组织为物理区域融合；二是打破国家边界，变现场为远程；三是打破传统项目管理的分散模式，变为集中交付，从而进一步提升了交付的规范性和交付效率。通过成立现场作业中心、区域服务中心和交付运营中心，实现了交付模式转型的成功实践，让数字化发挥更大价值，逐步演进到"精英＋精兵＋平台＋合作伙伴"的模式。交付模式演进如图 5-16 所示。

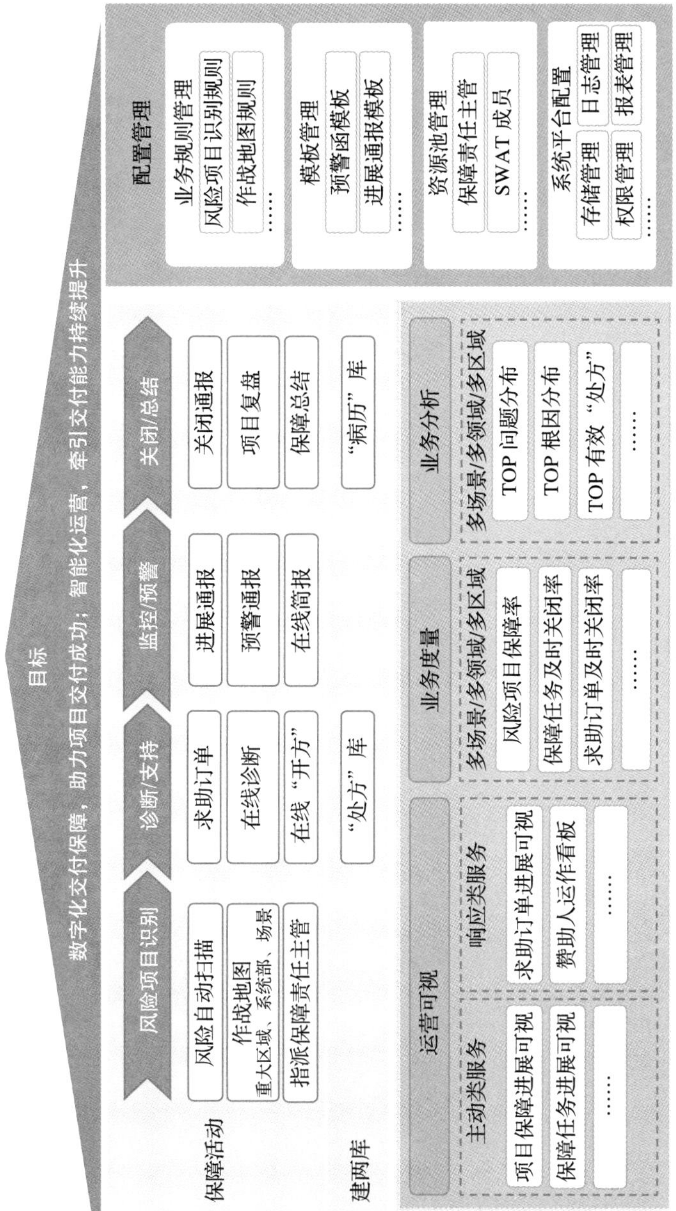

图 5-15　数字化交付保障架构

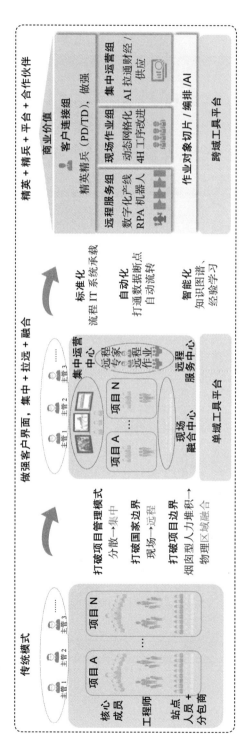

图 5-16 交付模式演进

5.3　知识图谱，平台赋能

公司 CEO 2014 年在全球交付会议上谈道："交付领域是一个大量知识和经验被重复应用的领域，做好知识管理能很大程度上帮助我们少犯错误，帮助我们提升效率、降低成本。"做好知识管理，将知识管理与项目管理有机结合，使我们所有的交付项目都能做到"做前学、做中学、做后学"。通过知识管理，可以将华为散落在全球的项目管理优秀实践转化为知识和经验，沉淀到平台，用这些知识和经验不断提升公司的专业能力。华为的知识图谱、数字赋能等多种知识管理手段，不但提升了员工的专业能力，打造出一批专家队伍，而且支撑了公司面向未来的长远发展。随着社区及平台的搭建，知识图谱技术的发展及应用，知识管理更加数字化、智能化，实现了随时随地的赋能。

5.3.1　数字赋能

华为的知识管理体系不断演进，已经经历了三个阶段：2016 年以前，处于基础建设阶段，成立了项目管理知识运营项目组，建立了社区、知识库、专家网络；2017 ～ 2019 年，进入知识管理阶段，成立了联合知识运营团队，实现了组织级知识管理；2020 ～ 2022 年，进入社交协同阶段，实现了知识智能化归档，从"人找知识"转变为"知识找人"，通过生态社区驱动业务价值的实现。华为知识管理的目标是智能获取、智能推动、自动收割、自运营管理，数字智能是方向。

项目管理的知识管理聚焦业务价值，并以此驱动知识资产管理、知识运营、培训赋能等活动，借助知识管理流程、知识共享平台、知识分享氛围与机制、智能技术、领域专家（subject matter expert，SME）等能力要素，夯实平台资产，沉淀组织能力，以实现系统化、结构化、数字化、移动化、自动化的发展目标。项目管理的知识管理业务架构如图 5-17 所示。

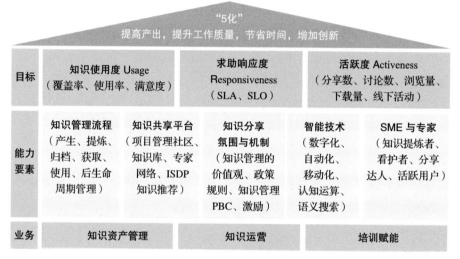

图 5-17　项目管理的知识管理业务架构

　　项目管理的知识共享平台主要有公司内部项目管理社区和谛听知识平台 PMO 知识中心，项目管理知识培训赋能的主要平台是员工内部学习平台 iLearning 以及面向客户和合作伙伴提供服务的时习知。

　　华为已经朝着知识管理数字智能的方向发展，在 ISDP 平台上开始了项目管理知识的智能获取、智能推送的探索和实践，典型应用有 ISDP 项目管理智能助手以及项目大脑。

　　（1）项目管理智能助手。ISDP 上线了项目管理智能助手，用户可按需调用知识推荐、智能问答、智能搜索三大功能主动获取相关知识，如项目管理流程、术语、经验总结、学习发展、知识货架、风险库、规则库等。借助机器问答自身的图谱管理能力，保证项目经理能随时获取到最新最全的项目管理知识。

（2）项目大脑。为了帮助项目经理充分利用碎片时间管理好项目，华为开发了手机端项目大脑 App。项目大脑汇聚了项目管理过程中各类数据及项目流程状态结果，基于数据及知识图谱等 AI 让项目流程自动流转，沿着项目管理业务流为用户提供导航式管理，智能提供项目各任务进展提示、风险亮灯预警、智能预测、实时沟通、知识推荐等，通过工单、问题在线追踪闭环的数据应用产品，为项目经理提供可问、可视、可查、可裁剪等的自动化助手服务。

5.3.2　同行协助

项目类工作一般都会伴随新的知识产生，在这个过程中适合采用"做前学、做中学、做后学"的项目知识管理方法。当前数字化转型项目管理规则规定：A 级项目 100% 复盘，所有项目都必须有知识管理活动，包括不限于项目知识赋能计划（KM plan）、同行协助（peer assist）、知识收割、事后回顾（AAR）、项目回顾（retrospect）、项目复盘。同行协助是一种相对复杂的知识管理活动，是组织内从其他有相关经验的同行向一个项目组传递学习经验的最有效方法之一。

当项目初期识别到项目可预见的风险或项目过程中可能遇到的重大问题，无法依靠项目组自身制定出行之有效的应对措施时，项目组可以邀请项目组以外的有相关知识和经验的同行一起举行同行协助会议。同行协助是高度场景化的知识传递会议，基于问题形成专业对话。会议由专业的引导员引导，项目组介绍自己的问题，同行分享他们的经验和建议，大家合作探讨针对问题的解决方案，制订可采取的行动计划。会后项目成员将把这些知识和经验应用到项目中，节省项目的学习成本，提升项目的效益。同行协助适用于比较复杂的知识和经验，这些知识还没有被编码化为华为标准和最佳实践，但是需要在组织内传播，并使其适用于自己的项目。

　　知识在被需要的时候更容易被接受并转化为行动。同行协助是一个学习经验者"提问"的过程，在提问过程中，给其带来内容最为丰富的知识。复杂知识需要在学习经验者的环境下进行传递。通过对话，项目团队能够把同行们复杂的知识放在自己的环境下进行理解和应用。同行协助量身定制解决项目团队最重要问题的方案，并且帮助他们建立一个更好的计划，这个计划将尽可能识别所有风险和提供所有可以帮助项目团队的最佳实践。同行协助流程如图 5-18 所示。

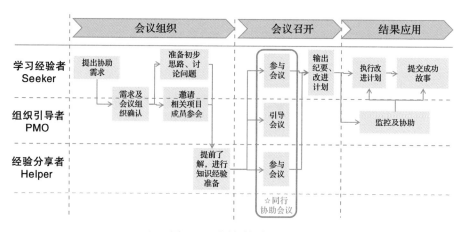

图 5-18　同行协助流程

本章小结

　　本章主要介绍了华为项目管理数字化的发展历程，详细描述了集成服务交付平台 ISDP 的打造过程。ISDP 在项目管理的各个阶段协助员工进行管理、交付、运营等工作，为项目管理工作提供了加速器，将确定性工作交给平台，简化流程，提高效率。客户及合作伙伴也通过 ISDP 的使用提升了管理及作业水平。华为设计和打造 ISDP 的理念和经验，可以为同样有建设数字化平台及进行数字化转型的企业所借鉴。不同行业企业也能借助云服务，灵活选配 ISDP+ 的各场景解决方案。项目管理的知识管理也在发展数字化，建设了成熟的数字化赋能平台 iLearning 及时习知，并成功推出了项目管理智能助手及项目大脑等智能应用，未来还将继续推进知识管理数字智能。数字化转型只有起点，没有终点。

第 6 章

文化之道

史蒂夫·乔布斯说过，"文化不是纸面上如何宣传，而是信仰什么，如何思考，如何做事"。任正非说过："我们在经历长期艰难曲折的历程中，悟出了'以客户为中心，以奋斗者为本'的文化，这是我们一切工作的魂。"

华为项目管理文化正是对他们所提思想的践行，它伴随着华为项目管理发展，从专业化到体系化，到数字化，再到价值化，在这四个不同阶段中孕育、成长、绽放。尤其是当前，全球数字化转型在带来巨大机会的同时也伴随着艰难挑战，华为项目管理既要通过大平台及精兵作战模式，结合线上线下协同，提升运作效率和效益，降低风险，又要与行业客户、伙伴形成战略联盟，还要思考在新场景下形成"使命必达"的项目管理文化，快速形成战斗力以支撑多场景和军团作战。应对这些挑战，除了要加强项目管理能力建设，更要加强项目管理文化建设。加强建设项目管理文化就是要充分发挥文化的导向作用和影响作用，坚定一个核心意志，形成一个凝聚向心力，从而打造一支有共同的价值观的项目管理铁军，从容应对各种挑战。

项目管理文化建设是一项系统工程，包括理念文化、制度文化和行为文化的建设，如图 6-1 所示。通过项目文化的建设与传播，将核心价值观和理念内化于心，外化于行，贯穿于整个组织之中。

项目管理文化建设是"以项目为中心"的理念塑造、传播、践行和发展的过程。在从项目层面的角色到组织层面的流程，以及每个团队、每个成员共同的态度等方面构筑基础，通过核心理念传播、思维方式传播、制度传播和行为传播，将华为酝酿和沉淀多年的项目文化在实践中落地，推动项目管理以及整个公司的发展，如图 6-2 所示。

项目管理文化建设是一项长期的、循序渐进的工作。文化理念是基于业务及其价值而产生的。在理念基础上，结合项目思维（做正确的事情和正确地做事），以及系统思维，形成明确、可度量的奖惩激励等企业制度，进而外化成员工的行为，最终落实我们所倡导的价值观。

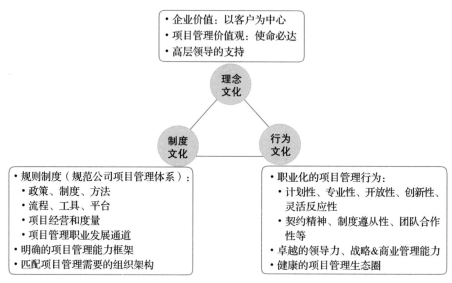

图 6-1　项目管理文化建设框架

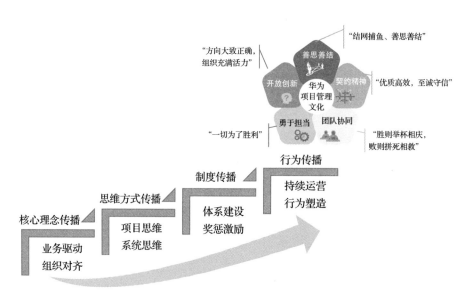

图 6-2　项目管理文化建设

　　项目管理文化的理念就是华为把长期项目实践中沉淀下来的思想，

用自己的语言诠释而成的项目价值观。

走进华为任何一栋办公楼，都可以看到贴在墙上的各种标语，很多标语都体现着华为的企业文化理念或项目文化理念。但理念绝不仅仅是写在墙上的标语，因为理念源自项目实践中的凝练，又必须能在实践中推广和践行，必须要在实践中、在项目上得到落地，才能实现其意义。

所有新员工加入公司后首先要接触和学习的就是企业文化，对于一个新员工而言，理解和融入华为是一个必需的过程，要想使自己成为一个"华为人"，结合自己的工作岗位和职责需要不断实践和领悟华为核心价值观和理念，直到知行合一，为公司持续创造价值。

即便是已经熟悉公司文化和项目文化的老员工，公司依然重视对他们的文化浸润和培训。无论是员工知识和案例分享，还是任职资格评定中的专业回馈（如编写课件、授课或举行讲座），都融入了项目核心理念与项目文化的传播和引导。再结合训战体系，使得项目管理文化理念在员工的思想中得到强化，在行为上得到体现。

华为的项目管理文化，是有根的。它依托"以项目为中心"，形成、延伸和不断生根、成长。华为的项目管理文化，是有源的。它围绕"以客户为中心"，为客户创造价值，成就客户。只有客户成功，才有源源不断的支撑华为生存和发展的商业成功。华为的项目管理文化，是有温度的。它秉承"以团队为中心"，胜则举杯相庆，败则拼死相救，使命必达。

6.1 以项目为中心，激活组织

2014 年"蓝血十杰"表彰会提出："公司要实现项目为中心的转移，才能避免大公司的功能部门的毛病，去掉冗余，才能提升竞争力，才能使干部快速成长。"文化，是需要载体来托举的。以项目为中心取代了以功能为中心，为项目管理文化的发展提供了一个全新的载体，也为项目管理文化的发展铺设了更加肥沃的土壤，项目管理文化因此而更加绚丽多彩。

以项目为中心的文化，激发了组织活力，改善了运作效率，尤其是建立了项目型组织，在授权、激励等方面，激发了人人进项目的愿望，并通过在项目中的摸爬滚打，达成项目目标的同时，实现了个人成长。

以项目为中心的运作模式让项目思维在公司上下得到贯彻。从公司战略组合到项目执行落地，从系统支持到周边协同，与项目管理相关的所有动作的汇集实现了各领域、全业务项目思维方式的贯通。

6.1.1 人人懂项目，人人进项目

2013年华为培训中心座谈会提出："华为公司所有干部都应有项目管理的基础，不会管项目的高级领导一定是能力不足的。项目管理成为华大的最重要的项目，初学员工也学，高级员工也学，因为是很重要的。"

华为的业务都是以项目形态产生的，比如工程、研发、销售、变革、基建、展会等都是以项目为最基本形态。围绕着"懂项目、进项目"，公司在员工培训、职业发展、能力要求、考核评价等方面制定了诸多政策，来推动这个目标的实现。

（1）员工培训。在新员工培训中，项目管理已成为一门必修课，培养员工的项目思维；项目管理成为培训中心最重要的项目。

（2）职业发展。在选拔、任命干部时，成功项目管理经验是一个必备条件。

（3）能力要求。项目组的任命、授权，需要匹配成员的相应任职资格，这就形成了一种牵引，人人奋勇争先。

（4）考核评价。在人力资源政策中，要求员工的工时进项目[⊖]，公司奖金向项目倾斜等，兼有让"雷锋"不吃亏等政策和导向，牵引员工主动、积极进项目。

"人人懂项目，人人进项目"，不是一句口号，而是具有组织、资源、政策保障的，努力后完全可达成的目标。人人学习项目管理，人人参加各种项目管理培训班的现象蔚然成风。

通过"人人懂项目，人人进项目"，华为涌现了一批批懂理论、擅实践的项目经理、项目骨干，成了各级管理者的中坚力量；也培养了诸多在业界、国际上有影响力的顶级项目管理专家，参与项目管理相关行业标准、规则的制定，在国际上为中国项目管理代言、发声。

6.1.2　开放协作，事成人长

在"以项目为中心"的理念牵引下，人人懂项目，人人进项目，其目的就是"事成人长"。为此，华为制定了一套机制保证"事成人长"。

1. 事成：保证项目成功

华为项目管理发展之道经历了四个阶段，每个阶段在流程、组织、制度、治理等方面都具有所处时代的特征且与时俱进，它们的目标是一致的，就是保证项目成功。为了提升公司项目交付能力而总结的模型和方法、打造的数字化平台和工具、赋能团队，也都是为了保证项目成功，为客户和公司实现商业价值。

2. 人长：提升项目管理能力

华为推行的是一种以创造价值为导向的公平竞争的机制，就是让大

⊖ 员工每天工作的工时申报进项目，其相应人工成本也归集到项目，项目经理在使用人员的时候需要非常关注项目成本压力，若员工发生的工时没有相应的项目"买单"，意味着没有任务，将影响考评和绩效。

家能够正确地做事，做出成绩，然后根据成绩论功行赏。在这种机制下，以贡献为中心，以"军功"为标准来选拔干部，出现了许多"火线选人、战壕中提拔"的事例。在华为，"搞定"是项目管理者经常说的一句口头禅，"搞定"的内涵就是任何项目管理活动的本质要瞄准"责任"和"结果"。项目经理是公司政策的一线践行者，也是政策的应用对象和具体体现者，能力提升至关重要。

事成人长，也特别需要开放协作。心有多宽，天就有多大。华为尤其倡导在项目中和项目间"开放协作"，在实践中创造了诸多华为人耳熟能详的特色文化语言，如"同行协助""一杯咖啡吸收宇宙能量""黄大年茶思屋"等，它们成了"开放协作"的代名词。"开放协作"的理念和文化，帮助项目"事成"的同时实现"人长"，在开放中协助，在协助中开放，项目越做越好，能力越打越强。

6.2 以客户为中心，成就客户

作为一个商业组织，企业最终的目的只有一个：持续实现商业成功。无论什么样的企业，客户是其存在的唯一理由，是客户决定了企业的生死存亡和能否持续发展（持续实现商业成功）。"企业要有利润，但利润只能从客户那里来，天下唯一能给华为钱的，只有客户，企业所有的回报都源于客户，为客户服务是华为存在的唯一理由。"基于这一基本商业逻辑，华为提出要洞察客户需求，要提供让客户满意的产品和服务，要帮助和成就客户成功，"以客户为中心"。

6.2.1 为客户服务是项目存在的唯一价值

项目管理文化孕育于华为的核心价值观：以客户为中心。这一核心价值观既是企业文化的核心，也是华为项目管理文化的精髓与灵魂。

以客户为中心，就是心中始终装着客户，想着如何成就客户，为客户的成功全力以赴。客户需求是华为发展的原动力。华为的生存是靠满足客户需求，为客户提供所需的产品和服务并获得合理的回报，因此华为坚持以客户需求为中心，要求项目经理不能只关注项目自身的短期经营业绩，而是要真正站在客户的角度，要坚持从客户视角发现问题和解决问题，推动项目各项工作持续顺利地开展。要急客户所急，想客户所想，着重思考项目管理工作和交付成果是不是能帮助客户获得商业成功，是不是还有什么项目之外的机会点可以帮助客户成功。要让客户觉得华为不是一家短视的公司，让客户越来越愿意和华为公司建立面向未来的长期战略合作伙伴关系。

■ 案例

2016 ～ 2018 年，T 国国家教育部普教项目网络格局 2/3 归属华为，剩下 1/3 归属友商 C。2019 年年中，客户现网其他厂商的设备维保服务即将到期，代表处希望推动客户更换这些设备和服务，同时在方案选择上面临着两难：方案 1 是成熟的传统方案，即敏捷园区解决方案；方案 2 是全新的智简园区网络解决方案。客户推崇全新方案，其优势是交付周期短，挑战是新网络解决方案必须兼容存量 C 友商设备。

项目组 CC4（客户责任人、解决方案责任人、履行责任人、渠道经理）专家认为：方案 1 即成熟稳定的敏捷园区方案是最佳选择，而方案 2 存在两个问题：①竞争优势不足，后期交付有难度；②新老设备存在普遍的兼容性问题，难以保证概念证明（proof of concept，POC）验证性测试一次通过。

公司解决方案专家一致认为方案 2 是未来的企业园区网络解决方案最佳实践。在项目分析会上，专家一致认同选择智简园区网络解决方案才是真正践行"以客户为中心"的核心价值观。

方案 2 很明显缩短了当前网络各站点的交付周期，提供了丰富的排障工具方案和故障网络逃生通道。通过模拟演示和技术交流，得到客户肯定，从而也加速了项目运作效率。专家们充分准备 POC 测试用例，卷入研发专家资源，集中攻克技术难题，2 周内高效解决客户业务的兼容性问题，极大地提升了项目组的信心。在后期的 POC 测试中，得到客户高层高度认可，最终赢得项目。

在为客户服务的过程中，需要考虑与合作伙伴的合作共赢，要营造健康和谐的商业生态，与合作伙伴共享成长，实现共赢。这也是"以客户为中心"的项目文化内涵外延所在，要求项目成员具有产业链、生态链和可持续发展的理念。团队每个成员都应理解虽然公司的生存和发展需要合理的利润，但公司更强调深淘滩、低作堰，充分利用自身项目管理能力和职业道德，契约化交付，赚取合理的项目利润。除了让客户满意，也要让合作伙伴获取合理的利润，使整个价值链和商业生态都能得到良性发展。

以客户为中心的项目管理文化，是公司进行干部评价、选拔的一项关键要素。公司选拔干部时除了要求海外工作经验，还特别将"以客户为中心"核心价值观作为一个关键评价要素纳入考察和选拔流程。有过成功交付项目的经验，同时又真正践行了"以客户为中心"核心价值观的项目经理就是华为真正需要和提拔任用的干部。"在华为，坚决提拔那些眼睛盯着客户，屁股对着老板的员工；坚决淘汰那些眼睛盯着老板，屁股对着客户的干部。前者是公司价值的创造者，后者是牟取个人私利的奴才。各级干部要有境界，下属屁股对着你，自己可能不舒服，但必须善待他们。"

华为人将"以客户为中心"根植于内心。在华为，是否"以客户为中心"是衡量一切管理对与错的根本标准。"公司正在迈向新的管理高度，以什么来确定我们的组织、流程、干部的发展方向呢？以什么作为工作成绩的标尺呢？我们要以为客户提供有效服务来作为我们工作的方向，作为价值评价的标尺，当然这里的价值包含直接价值与间接价值。在华为，不能为客户创造价值的部门为多余部门，不能为客户创造价值的流程为多余流程，不能为客户创造价值的人为多余的人。"

6.2.2　持续达成客户期望

华为强调项目管理者做项目时一定不能抱着按合同条款完成交付的想法，而要有达成甚至超越客户期望的追求。项目的成功其实是实现并创造价值，项目经理在达成合同要求和客户期望时，需要站在客户的视角，不断地挖掘和发现新的价值点和需求，然后找到实现的方法并付诸行动，最后实现新价值，这样才能做到不仅满足客户需求，还可以持续超越客户期望，为客户创造更大的价值，带领团队从一个胜利走向另外一个更大的胜利。

以客户为中心的项目管理文化，反映在项目管理过程中的首要工作就是要理解客户需求。客户需求有的可能在合同中已经明示，有的可能是在项目过程中产生的新需求，是没有体现在合同中的。体现在合同中的需求，要努力通过产品、产品组合和解决方案来实现，充分体现契约精神；在合同基础上额外识别出的可以进一步为客户带来商业成功的需求，通过甄别后如发现确实有价值、有必要，则要获得客户理解认同，及时进行变更，持续达成甚至超越客户期望。在执行过程中，也要注意别把个别客户对某个特定业务环境的个别意见当作一个全局意义上的客户需求，这样可能会误导项目结果，最终也可能会达不成客户期望。

不同项目、不同场景、不同阶段的客户需求是五花八门的，因此作为项目经理正确地理解合同和客户需求非常重要，正确理解客户需求的核心点是：项目经理和团队成员要看客户需求是不是有助于创造价值和商业成功，只有真正帮助客户成功，成就客户，项目才算成功。

6.3 以团队为中心，使命必达

《把信送给加西亚》讲述了在 19 世纪美西战争中，一个"把信送给加西亚"的传奇故事。年轻中尉安德鲁·罗文在接到任务后，没有任何推诿，不讲任何条件，历尽艰险，徒步三周后，走过危机四伏的国家，以其绝对的忠诚、责任感和创造奇迹的主动性完成了这项"不可能的任务"，把信交给了加西亚。

熟读《把信送给加西亚》并写下心得是华为对每个新入职员工的基本要求。华为希望每个员工都具备"把信送给加西亚"的精神——责任感和使命必达的执行力，华为取得今天的成就离不开全体员工使命必达的精神。"一切为了胜利，一切为了前线，一切为业务服务"是项目能够取得胜利的基础。员工的责任感更多地体现在其做项目时的敬业。敬业，是一种高尚的品德。广大项目员工对自己所从事的职业怀着一份热爱、珍惜和尊重，不惜为之付出和奉献，从而获得一种无上的荣誉感和成就感。无论是在世界海拔最高处珠穆朗玛峰，在冰封万年的南极，还是在一人一狗的印度洋小岛等，都有项目在交付，无论条件多么艰苦、困难多么巨大，项目人员在坚持耕耘，兢兢业业、精益求精，书写一个又一个成功的故事，弘扬着"使命必达"的精神。

6.3.1 胜则举杯相庆，败则拼死相救

项目是以团队的形式来完成的，一支组织良好的、有战斗力的团队对于实现项目目标而言至关重要，因此华为非常重视项目团队建设和团

队文化建设，提倡团队合作和团队精神。"胜则举杯相庆，败则拼死相救"这句在华为流传了多年的口号是华为所倡导的团队文化和团队精神的最佳体现。

1. 集体主义精神和团队精神是团队的根本特征

在组建团队时，如果只是把人凑在了一起，而做不到使他们的心在一起，那这些人只能叫群体，不能叫团队，只有成员的心也在一起，才是真正意义上的团队。想要让成员的心在一起，则需要依靠集体主义精神和团队精神。

华为的集体主义精神和团队精神源自"狼性精神"，体现在三个方面，即敏锐的嗅觉，群体奋斗的意识和不屈不挠、奋不顾身、永不疲倦的进攻精神。

（1）敏锐的嗅觉。狼最大的特点是鼻子很敏感，很远就能闻到肉味，冰天雪地也要找到那块肉。企业也要有狼的嗅觉，这代表一种敏锐的认识，企业对客户需求要敏感、对新技术要敏感、对未来趋势要敏感。

（2）群体奋斗的意识。狼不会单独出击，而是群体作战，这代表了团队精神。在华为的项目工作中单打独斗是很难成功的。只有按照每个人的特点组成团队，让每个人在团队中做他擅长和适合做的工作，才能充分发挥团队的力量，使团队和个人一起成功。

（3）不屈不挠、奋不顾身、永不疲倦的进攻精神。狼还有一个特点是不屈不挠，拼死拼活也要捕猎成功。做项目就需要这种精神，只要客户需要，只要客户的需求还没有实现，就不能轻言放弃、转身逃跑。

华为主张的是集体主义和团队作战。在各级主管的述职报告中，主管不能大肆渲染自己的功劳，必须强调团队的作用。KPI也是考核整个部门的业绩，将整个部门的利益和个人利益捆绑在一起，以避免出现员工为了个人利益而损害团队和集体利益的行为。项目经理应多看团队成员的成绩,多找自己的不足。只有这样,项目经理才能够获得公司主流价值观的认可,才能将团队成员聚拢在自己周围,为了实现共同的项目目标而团结奋斗。

同样,华为呼吁员工要自觉成为能始终跟着团队一起成长的人,对团队的前景始终看好的人,在团队不断的探索中能找到自己位置的人,为了团队新的目标不断学习新东西的人,抗压能力强且有耐性的人,与团队同心同德、同舟共济、同甘共苦,不计较个人得失、顾全大局的人。

2. 团队凝聚力是战斗力的源泉

在团队中,项目经理和成员共同努力营造氛围,最大程度锤炼团队的凝聚力,在实践中总结出了"一到十字诀"并流传开来。项目团队"一到十字"氛围如图 6-3 所示。

图 6-3 项目团队"一到十字"氛围

为了能够应对一切困难和挑战,在面对任何情况时都能保持团队的战斗力,保证"力出一孔",要求项目团队组建必须注意以下五点:

（1）沟通。相互沟通是维系员工、主管之间关系和协作水平的一个关键要素。有什么话不要憋在肚子里，多与同事、团队成员交流，也让同事、员工多了解自己，这样可以避免许多无谓的误会和矛盾。

（2）信任。项目经理和团队成员之间要相互信任，很多原本团结和有着良好工作氛围的团队就毁于怀疑和猜忌。所以，要努力营造一种彼此相互支持、相互依赖、毫无保留地信任的团队工作氛围，不要让猜疑毁了团队。

（3）慎重。遇到事情要冷静对待，尤其是遇到问题和矛盾时，要保持理智，不可冲动，冲动不仅不能解决问题，反而会使问题变得更糟，最后受损失的还是整个团队。

（4）换位。凡事不要把自己的想法强加给同事，遇到问题的时候多进行换位思考，站在对方的角度上想想，才能更好地理解他们。

（5）快乐。只有用好的原料才能做出好的蛋糕，同样地，只有用快乐的心情才能构建起幸福的团队。如果所有的团队成员都能这样做，那么这个团队一定是最幸福的。

3. 团队合作文化是项目成功的先决条件

项目经理要肩负起集成与协调不同项目团队的责任，尤其是要使相关人员就目标、规则、规范、语言等有相同的理解和认识。抱有相同的价值观与行为准则并且能做到相互对齐的团队成员，将会为项目的成功做出更大贡献。项目团队的行为准则如下：

（1）对齐。大家对项目目标（我们将做什么）和战略（我们将如何做）有共同的理解。

（2）承诺。项目成员专心致力于自己任务的完成和项目目标的达成，并且既有动力（我想做到）又有自信（我能做到）。

（3）尊重。不仅尊重和欣赏团队中的每一位成员，而且尊重和欣赏他们的工作成果。

（4）参与。项目成员在项目活动中积极参与，并且运用他们的知识、技能和经验为项目成功做出自己的独特贡献。

（5）信心。团队成员对彼此的能力与才智充满信心，大家相互信任，对项目成功充满信心。

6.3.2 让胜利成为一种信仰

"在战略高地上打赢关键战争，让胜利成为一种信仰、一种习惯。"让胜利成为一种信仰，本质上就是要做到使命必达。使命必达指的是包括项目经理在内的全体团队成员坚定不移地相信项目设定的目标一定能够实现，这个信念为全体项目组成员共同认可，并愿意付出代价为之去冲锋陷阵、努力达成。这个信念凝结了信仰与理想，是团队成员在前进路上的一种自我驱动力量，它具有如下几个特征：

（1）崇高性。与愿景、价值观等融合后，团队成员感受到项目对社会、客户、企业和个人产生的价值和影响，愿意为取得项目成果付出代价。

（2）稳定性。一旦形成，即成为企业和个人价值观的一部分，持续地发挥影响，不会因为受到干扰、压力等轻易发生改变。

（3）牵引性。使成员产生责任感，即充分意识到自己的工作对他人和社会负有责任，从而产生外部牵引和内部激励作用。

使命必达的信念使团队具有了对目标的定力，不会轻易为外界诱惑或短期利益所干扰；能使团队保持对困难的张力，在遇到困难时不轻言放弃或妥协，朝着目标奋勇前进；对伙伴具有感染力，使大家能够坚定信念，相互鼓励和支持，成为一个团结能战斗的集体。

华为所看重的项目经理的价值观就是对待工作积极主动、开拓进取、勇敢智慧、坚定忠诚；坚信只有投入才有回报，只有忠诚才有信任，只有主动才能创新；只有在平时的工作中，加强学习，拓宽知识，提高自身的业务水平，增强主观能动性，这样才会有良好的素质和能力，才能在关键时刻独当一面，才能敢于接受任务并且圆满地去完成它。

"使命必达"在公司内部经过长期丰富与发展，具体表现为五个方面的内涵：开放创新、勇于担当、团队协同、契约精神以及善思善结。

（1）开放创新。用开放的心态理解客户和其他干系人，用专业的方法管理项目，确保达成目标；同时勇于改进、不断提供新的方案去适应市场需求，引进吸收其他组织的最佳实践，使得"方向大致正确，组织充满活力"。正如某研发总裁所说："华为的每一位研发员工都生活在创新中，呼吸着创新，无论我们发生什么，创新都将保持不变。创新的核心是推动行业发展，为客户和整个价值链创造价值。"这句话很好地诠释了华为"开放创新"的项目文化基因。华为过去所表现出来的"质量好、服务好、运作成本低，优先满足客户需求"是提升客户竞争力和盈利能力的关键，也是华为的生存之道。

华为要求项目员工不是简单地执行命令，而是要不断地思考。在工作中要时时、处处以客户（包括内外部客户）需求为导向。在实战中不断提升岗位胜任能力，适应在压力下开展工作，不断激发潜能，挑战自我，充分展示自己的创新能力。

（2）勇于担当。坚持价值导向、目标导向和结果导向，攻坚克难，敢于冲锋，"一切为了胜利"。华为在改进工作作风的八条要求中明确指出："我们反对官僚主义，反对不作为，反对发牢骚讲怪话。对矛盾不回避，对困难不躲闪，积极探索，努力作为，勇于担当。"项目经理要在项目团队中营造出"敢打、能打"的项目氛围，打造出一支充满使命感、勇于承担重任、主动接受挑战的项目团队。"敢打"就是思想和行动上的勇于担当，"能打"就是能力和技巧上的勇于担当。

（3）团队协同。"砍掉高层的手脚、中层的屁股、基层的脑袋"。"砍掉高层的手脚"意在强调高层的职责是"想"，多谋篇布局、少亲力亲为；"砍掉中层的屁股"意在强调中层的职责是"走"，要走出办公室，深入群众和市场；"砍掉基层的脑袋"意在强调基层的职责是"做"，好好执行，不要随性发挥。中层要努力促进团队协作，减少部门墙，加强团队协同作战和相互支持，建立跨领域、跨部门协同机制。以打赢"项目战争"为最终目标，除了要关注团队成员间的有效合作，华为也特别强调关注与项目干系人之间的大团队合作。在项目组内部，不同的小组之间也需要进行相互支持和配合，为实现项目目标而共同努力。

（4）契约精神。项目契约精神是指与客户在合同兑现过程中的契约关系与内在的原则，是一种自由、平等、守信的精神，是华为向客户所做出的项目交付承诺。契约精神不是单方面强加或胁迫，而是各方在自由平等基础上的守信精神。契约精神同样是项目团队有序运作的基础，只有各个不同的角色按照契约精神要求信守承诺、完成工作，才能实现项目团队的整体高效。

遵守契约不代表僵化执行、一成不变，当项目实际情况发生变化，有必要对项目进行调整时，只要遵循严格的变更管理流程，规范地变更和调整项目的契约，并按照达成一致的新契约交付项目，仍然是遵守契约精神。"优质高效，至诚至信"是华为契约精神的核心和精华，也是华为项目团队在项目履约中所坚持的信念。

（5）善思善结。"每个人要想进步，就要善于不断归纳总结。如果没有平时的归纳总结，结成这种思维的网，那就无法解决随时出现的问题。不归纳，就不能前进，不前进就不能上台阶。"华为人凡事都会做到有始有终，无论项目成功还是失败，也不管项目大小，都不会忘记"总结"这个过程，"总结"的目的就是避免以后再犯同样的错误。一边学一边干，同时将工作中的所见所闻所思所想记录下来，再将项目经验颗粒归仓到IT平台。管理人员对多个项目经验进行提炼，使模糊的、感性的想法或者经验上升为明晰的、理性的认识和规律，由此便可以总结出新的、更好的工作方法和项目打法，为下一次打胜仗做好准备。

本章
小结

"文化先于制度，制度是文化的载体；文化服务于战略，服务于业务结果。"对任何人来讲，思想决定行动。优秀的文化能够营造良好的环境，提高员工的文化素养和道德水准，形成强大的凝聚力、向心力和约束力，提高企业的竞争力并能使之长期保持。华为从理念和思维、制度文化和行为文化三个方面着手持续推进项目管理文化建设，使项目管理文化深入人心，成为华为项目管理的灵魂和可持续发展的法宝。

项目管理文化，不是宽泛的高言大志，它既有崇高的信仰、理念、情怀，又有内化的制度、流程，还有外化的行为、习惯。项目管理文化是项目团队内部形成的行为准则和价值观念，它脱胎于华为企业文化。华为把多年积淀的价值观、信念和员工行为规范等提炼并贯穿在项目管理过程中，形成了"以项目为中心"的文化。经过多年的总结和发展，华为形成了"为客户服务是项目存在的唯一价值"的客户导向文化，并强调"胜则举杯相庆，败则拼死相救"的团队精神，追求"让胜利成为一种信仰"，让"使命必达"的项目管理价值观成为项目管理者的精神力量！

物质资源终会枯竭，唯有文化才能生生不息。

7

第 7 章

价值之道

项目存在的唯一价值就是坚定不移为客户创造价值，同时实现自己的价值。华为始终坚持以客户为中心，为客户创造价值，同时，也为公司创造价值，让华为可以"有质量地活下去"。一方面，华为通过项目帮助客户实现商业战略目标，包括提升市场格局，创新产品和服务，赢得用户信任与提高品牌价值；另一方面，华为也通过项目的成功交付实现商业收益，包括增加销售 / 收入，优化成本结构，降低企业经营成本，提升资本效率等。

为此，华为不断强化对项目的价值管理，并将其纳入项目管理体系。通过大量项目实践，华为提炼出了价值管理的"三阶六步"，并建立了项目价值交付系统，实现了与客户、合作伙伴的合作共赢，公司和项目团队的利益共享。

7.1　创造价值是项目存在的唯一理由

电信行业经过多年的发展，项目从最初的以网络建设为中心向以为用户提供更多有价值服务为中心转变。在这个转变过程中，出现了各种新业务场景项目，这些项目有以下共同特点。

（1）客户高层更关注战略 / 商业目标：由于传统的产品功能已经无法有效衡量企业战略目标是否达成，客户对提供价值服务的新功能表现出更多的关注。

（2）客户希望通过商业价值分析来证明项目能够帮助其实现战略目标，从而有效支撑投资决策。

新业务场景项目对项目管理提出了更高的要求，需要供应商系统地理解客户的商业诉求，深入底层了解业务，并从客户视角战略性地给出有针对性的解决方案，从而有效帮助其决策并通过项目实现商业价值。华为在 2016 年提出："我们要聚焦以客户为中心的价值创造，治病要治本，聚焦为客户创造价值，而要做到这一点，我们就必须要讲清楚价值，向客户呈现我们的价值，并证明我们的价值。"为客户创造价值是项目存在的唯一的理由，项目管理应该以价值为先。

7.1.1 价值交付的前世今生

在华为的发展历程中，项目管理关注的重心经历了三个阶段，即以质量为中心的阶段、以客户满意为中心的阶段和以价值交付为中心的阶段，如图 7-1 所示。

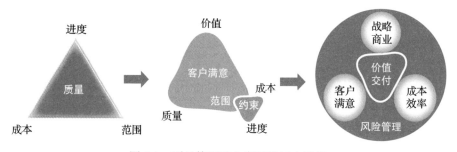

图 7-1　项目管理重心发展的三个阶段

（1）以质量为中心。20 世纪 90 年代初，国家大规模投资基础设施建设，各个行业需要大量通信产品，致使相关产品供不应求，当时对产品的要求是只要能够稳定运行，满足客户基本业务需求即可。在这个阶段，主要是强调按合同交付，项目管理以质量为中心，主要关注的是项目的进度、成本和范围。此阶段客户和供应商分工明确，项目范围相对确定，项目干系人相对单一。

（2）以客户满意为中心。随着基础设施建设逐步完成，在此基础上衍生出很多新的业务场景，这类项目复杂度高，业务变化频繁，项目计划及范围多次变化。客户对业务目标、商业目标提出了更多、更高的要求。为此华为提出以合同范围交付为基础，以客户满意度为中心，管理好项目的价值和质量，并对项目范围、成本、进度进行约束，确保项目高质量交付。以客户满意为中心的项目交付提升了客户满意度和黏性，可以快速响应客户的业务需求。

（3）以价值交付为中心。随着大量复杂项目的成功交付，市场竞争的加剧，客户不再满足于以质量为中心和以客户为中心的项目交付模式。客户首先考虑的是项目的战略与商业价值，更加关注企业业务的发展和企业战略商业规划。为此华为提出了"以价值交付为中心"的项目交付模式，围绕客户的战略商业规划、客户满意度、投资回报（项目成本与效率）展开交付，同时管控风险，帮助客户实现商业价值的正向循环。

7.1.2　创造"源"来的价值

项目的价值交付就是为干系人创造价值，这个价值体现在是"什么样"的价值和为"谁"创造价值。

（1）是"什么样"的价值。一般而言，企业希望通过启动新项目帮助其实现当期的商业价值、未来的战略目标，同时提升企业人员和流程能力。项目价值的三个维度如图 7-2 所示。

当期的**商业**	未来的**战略**	整体的**能力**
·销售、收入增长 ·成本降低 ·资本效率提升	·提升市场格局 ·提供新产品或服务 ·提升客户信任与品牌价值	·人员和流程能力增强

图 7-2　项目价值的三个维度

由图 7-2 可以看出，成功的项目可以带来以下三种价值：

1）实现当期的商业价值，包括销售、收入增长，成本降低，资本效率提升。

2）实现未来的战略目标，包括提升市场格局，提供新产品或服务，提升用户对企业的信任和品牌价值。

3）提升整体的能力，包括增强人员（团队）的能力和流程能力。

（2）为"谁"创造价值。为项目干系人创造价值，包括客户价值、企业自身价值、合作伙伴价值和项目团队价值，如图 7-3 所示。

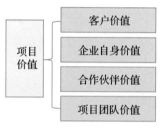

图 7-3　项目"源"来价值

1）客户价值。项目开始前，向所有的干系人说明项目的投资价值、投资回报率等，结合最新技术和解决方案，识别可以快速见效的业务，迅速呈现价值，帮助客户做好战略价值规划。对价值大、最紧要的业务优先进行交付，并采用数字化方法（如大数据分析）支撑客户做出最优决策。站在客户需求的视角，通过提供端到端的解决方案去解决客户的业务问题，通过价值管理帮助客户促进预算的生成，成就客户价值。

2）企业自身价值。要持续为客户提供服务，必须确保自身也能够活下去。华为要求每个项目要能够为公司创造价值。华为建立的以项目为中心的体系，就是为了保证项目成功交付，为客户创造价值的同时实现公司自身价值，并能够持续发展，确保为客户持续提供更多有价值的服务。依靠全体员工的艰苦奋斗，华为持续不断地优化流程，降低项目成本来反哺客户，为客户提供更多更好的服务并形成良性循环。

　　3）合作伙伴价值。华为是一家重视生态、重视社会责任、重视可持续发展的公司，一直坚信"独行者速，众行者远"。华为与所有伙伴携手，分享华为的品牌、产品、管理方法和实践经验，赋能合作伙伴，共同构建和谐健康的产业生态，提升综合竞争力，一起服务好千行百业的客户，最终使得产业生态和谐地向前发展。具体来说，从六个方面致力于为合作伙伴创造价值：①提升伙伴品牌价值，拓展伙伴业务；②帮助合作伙伴提升研发和项目交付能力；③帮助赋能行业伙伴；④帮助合作伙伴改善管理和提升效率，降低项目交付成本；⑤赋能产业发展，培养产业人才；⑥利用华为文化的力量，帮助伙伴提升客户服务能力。

　　4）项目团队价值。项目团队是华为业务成功的基石，通过一个又一个项目的成功交付，华为打造了一支不怕困难、使命必达的铁军。项目团队始终牢记以客户为中心，保持艰苦奋斗的优良作风。

　　在这个过程中，公司也与团队共享团队创造的价值，并为员工提供成长与发展的通道，项目结束后有的员工成长为相关领域的项目管理专家或技术专家，有的员工成长为公司管理者。为表彰员工所做的贡献，每年公司会评选一批交付专家和金牌项目组，任正非亲自与他们合影留念，让他们的功绩被公司铭记，这进一步激发了团队不断地征服困难，树立了使命必达的决心和信心，为公司创造一个又一个项目成功的奇迹，这就是华为项目团队的价值。

7.2　价值管理的"三阶六步"

　　针对商业项目场景，价值管理主要瞄准商业价值。一般情况下，客户需要做商业目标分析以便支撑进一步决策，俗称商业案例，即客户基于项目成本估算、收益预测等，对重大项目的投资进行论证支撑决策，项目决策后通过实施与监控、资源支持实现项目商业价值，如图 7-4 所示。

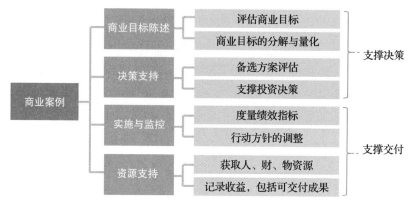

图 7-4　商业案例方法

参考通用的商业案例方法，我们在实践中总结出了项目价值管理的 "三阶六步"。其中，"三阶"即价值定义、价值承诺和价值实现；"六步" 即设定价值目标、量化价值指标、分解价值目标、制订价值计划、价值 跟踪和价值呈现，如图 7-5 所示。

图 7-5　项目价值管理的 "三阶六步"

首先，结合客户的商业和战略目标形成 "可量化的价值目标"；其次， 将价值目标分解后制订 "可执行的价值计划"；最后，通过在项目实施过 程中对价值目标实现的情况进行跟踪，确保价值目标按计划执行。一旦出现偏差，则与客户进行讨论并制订价值目标恢复计划，更新和监控整体项目计划，实现价值闭环，并将价值结果呈现给客户，让客户满意，从而实现"可呈现的价值闭环"。

7.2.1　可量化的价值目标

价值定义阶段，关键是确定可量化的价值目标。通过分析客户价值目标及价值驱动因素，定义价值量化指标，最后形成可量化的价值目标点，具体可以分为设定价值目标和量化价值指标。

1. 设定价值目标

通过对客户业务和痛点的洞察分析，发现客户商业价值目标，并基于企业战略要求，站在项目全生命周期视角和客户需求视角分析客户价值驱动因素，形成客户的价值目标并与客户确认。

设定价值目标包括两个方面：分析价值目标和确认价值目标。

（1）分析价值目标。通过洞察分析的"五看"，即看行业趋势、看市场客户、看竞争、看自己、看机会，梳理客户需求、问题与挑战，提出华为的方案与建议（价值主张），并定义解决客户问题与应对挑战后实现的客户价值目标，形成价值目标清单，如图 7-6 所示。

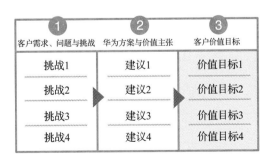

图 7-6　分析价值目标

下面，以针对某客户的商业诉求来分析它的价值目标为例，按照图7-6中的三步法，识别和分析客户痛点和价值诉求，形成客户价值目标，如图7-7所示。

客户需求、问题与挑战 >	华为方案与价值主张 >	客户价值目标
▶ **成本优化压力** 优化关怀和有效营销成本的需求不断增长 ▶ **AI简化与自动化** 全球范围内越来越多的客户服务交互由人工智能处理，它能够对客户行为进行预测性分析，提高处理效率；易用性和可访问性有助于应用与扩展 ▶ **移动化** 客户支持由人工转向自助服务（移动/数字设备） ▶ **数据驱动交互** 实时数据分析使得客服互动次数增加 ▶ **人员转型** 新一代员工需要管理更加复杂的客户服务流程	• 利用认知咨询、技术和运营服务，通过超个性化和对话互动为客户提供卓越的体验 • 跨更多渠道和生命周期交互扩展AI，使AI从事务型转向对话型 • 智能驱动客户获得数字体验，从而提高数字采用率和控制力，并优化收入和成本杠杆 • 提高员工/代理商的生产力和经验	• 提升客户参与度 • 提高存量客户交易价值 • 增加新客获取 • 交互预防（主动） • 交互偏转（被动） • 提升代理商效能 • 作业运营优化

图 7-7　某客户现状分析及价值目标识别

从图7-7可见，在对客户需求、问题与挑战进行分析时，通过对行业、竞争对手的研究，发现客户希望优化成本，提升系统自动化处理能力，实现人机实时交互，随时随地办公，员工也能够快速掌握新技术、适应新系统等，为此华为提出了相应的解决方案和价值主张，分解出客户价值目标，并帮助客户实现。

（2）确认价值目标。项目组对第一步收集的价值目标清单进一步进行甄别，通过客户业务根因分析（又称价值驱动因素分析），识别出客户的价值目标，同时组织项目成员进行研讨，形成统一的价值目标清单。然后，组织项目成员与客户进行研讨，形成最终价值目标及清单，如

图 7-8 所示。

以某客户的商业目标（即价值目标）是收入增长 ×%、前台成本节省 ×% 为例，通过分析客户的商业目标，提炼出若干价值驱动因素和对应的价值目标点，如图 7-9 所示。

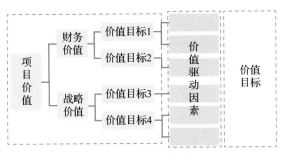

图 7-8　确认价值目标

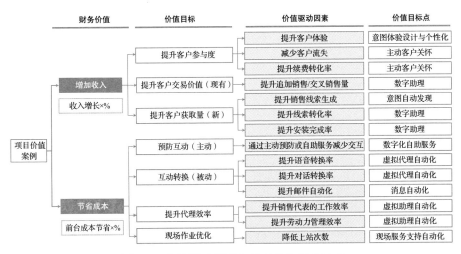

图 7-9　价值驱动因素和对应的价值目标点

2.量化价值指标

设定价值目标后，还需要对价值目标进行量化，确保目标得到客户认可和能够实现。量化价值指标就是结合客户价值目标和价值驱动因素及华为产品和交付能力，形成价值量化指标（KPI），并与客户达成一致。

量化价值指标由项目经理组织业务专家和技术专家在项目的分析、规划阶段进行，主要有以下三步：

（1）准备参考的价值量化指标，包括行业价值量化指标和服务产品价值量化指标。

（2）依据价值量化指标选择的原则来选择价值量化指标（见图7-10）。

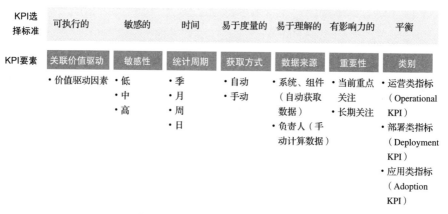

图 7-10　价值量化指标选择的原则

价值量化指标选择的原则主要包括 KPI 选择标准和 KPI 要素两个方面。

1）KPI 选择标准：一般情况下要注意，选择的 KPI 要能够执行，要具有一定敏感性和影响力，其时间周期要有明确要求，容易度量和理解。KPI 也要进行技术实现和价值的平衡。

2）KPI 要素：以 KPI 选择标准为基础，确定 KPI 相关的要素，比如关联的价值驱动因素、KPI 的敏感性、KPI 的统计周期、数据获取方式和来源、KPI 的重要性和类别等。

（3）评估指标（KPI）的可行性，包括数据的获取方式、计算公式、准确性、实时性等，确保评估指标（KPI）通过技术手段可以实现。

通过设定价值目标和量化价值指标，形成了可量化的价值目标 KPI，支撑价值承诺阶段的分解价值目标和制订价值计划。

7.2.2　可执行的价值计划

价值承诺阶段的关键输出是将价值定义阶段收集的价值目标和对应的 KPI 进行价值分解，并给出相应的解决方案和计划，汇总形成可执行的价值计划，具体可以分为分解价值目标和制订价值计划。

1. 分解价值目标

分解价值目标就是对价值目标进行分解，并制订相应的解决方案，同客户达成一致，同时将解决方案落实到人，确保价值目标可管理、可跟踪、可落地。分解价值目标首先将收集的客户商业目标进行价值点细化，分解价值量化指标形成目标价值清单，并使项目团队、客户业务部门、客户管理团队就价值量化指标的基线值以及目标达成一致意见，同时获得相关团队的支持，如图 7-11 所示。

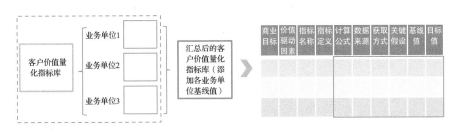

图 7-11　分解价值目标

从图 7-11 可见，分解价值目标分为以下三步。

（1）收集客户价值量化指标的基线值：根据各业务单位的职责整理

对应的价值量化指标库，收集客户价值量化指标的基线值并且汇总形成价值量化指标库（包括各业务单位基线值）。

（2）与客户共同设定价值量化指标的目标值：与项目团队、客户干系人举行研讨会，结合各业务单位的实际情况，明确项目需要最终达成的客户预期的价值目标量化指标的计算公式、数据来源、获取方式、关键假设、基线值以及目标值。

（3）明确各级团队职责，并获得各级主要负责人的承诺：明确为达成价值目标的各级团队所承担的角色和职责并获得各级团队的书面承诺。这个阶段需要获得客户各级主要负责人对价值目标的确认。

分解价值目标一般由项目经理牵头，组织项目团队与客户、合作伙伴按照上面 3 步开展工作。过程中按照价值目标优先级顺序，结合技术、产品、服务优势和特点，梳理满足客户要求的华为或业界相关产品、服务，通过多角度创新为客户提出各种可能的解决方案并与客户达成一致。最后将与客户确认的价值方案按照技术实现分配给项目组相关责任人，实现价值目标及指标责任到人，明确为达成价值目标的各级团队所承担的角色和职责，同时获得各级团队的书面承诺，确保后续可跟踪和管理，示例如表 7-1 所示。

表 7-1　分解价值目标到人（示例）

商业目标	价值驱动因素	指标名称	指标定义	计算公式	数据来源	数据获取方式	关键假设	基线值（现状）	目标值	责任人
财务价值目标	收入下滑	收入增加	收入增加 20%	当年－上年	财务报表	财务部门	客户保持当前平均消费水平	1000 万	1200 万	张三
战略价值目标	客户流失	用户数量增加	客户增加 20%	当年－上年	用户报表	IT 部门数据库	提供更加优质的服务，稳固当前客户群体	1000 万	1200 万	李四

2. 制订价值计划

制订价值计划即依据对价值目标的责任分解和不同的实现计划，整合形成整个项目的价值交付计划。

项目价值计划是整个项目计划的一个重要组成部分，项目价值计划是客户重要的关注点、兴奋点，容易引起客户共鸣，利于推动项目整体交付，因此必须做到价值计划和项目主计划匹配。价值计划就是将所有选定的价值目标计划汇总，形成关键价值计划里程碑并尽量与项目主计划一致。制订价值计划有助于客户和交付团队就价值指标如何报告和实现达成一致。制订价值计划通常需要考虑如下 4 个方面：

（1）获取项目实施主计划，并对主计划的每个子任务计划和分解价值目标阶段形成的价值目标清单进行对比分析，形成每个子任务的价值目标及对应的价值指标（KPI）关系表。

（2）将价值目标及对应的价值指标（KPI）分配到每个子任务责任人（通常与分解价值目标阶段识别的责任人为同一个人）。

（3）制订总体价值实现计划：依据前面对每个价值目标与相应的子任务的分析形成每个价值目标的交付计划，汇总形成总体价值实现计划，后续可以按照月度、季度跟踪价值实现计划。

（4）将汇总的总体价值实现计划与客户讨论，并根据客户意见进行调整刷新，最终与客户就价值实现计划达成一致并确认。

总体而言，制订价值计划就是项目经理与团队结合项目实施主计划，识别每个业务流对应的价值目标，依据形成的可执行价值方案，组织每个价值目标的责任人，对所涉及的产品、服务、解决方案进行深入分析（包括第三方产品、可交付性、交付时间、采购价值等），制订价值计划，再与客户、上下游合作伙伴、内部产品线对齐，然后生成可执行的价值实现计划，确保方案可实现，项目可执行，价值可落地。

7.2.3 可呈现的价值闭环

价值交付的最终目的是满足客户的价值需求。在价值实现阶段，可呈现项目价值闭环是价值交付的最后一个环节，也是最重要的一个环节。这个环节的关键是如何实现可呈现的价值闭环，即要对前期的价值承诺进行闭环，同时要选择恰当的时机进行价值呈现，向客户展示价值交付的结果，得到客户的认可和支持，为此我们将这个环节分为：价值跟踪和价值呈现。

1. 价值跟踪

价值跟踪这一环节确保在项目执行过程中，在价值点按照与客户达成的解决方案和计划按时交付相应的产品或者服务，实现价值闭环。

价值跟踪是为了识别价值指标偏差和分析指标偏差产生的原因，并且及时采取措施对偏差进行修正和应对。价值跟踪主要由项目经理组织相关技术专家进行，通过跟踪和报告绩效以及对结果进行响应，从而将指标体系付诸实践，并识别风险，采取措施规避价值实现风险。价值跟踪过程包括如下 3 个方面。

（1）确定不同干系人的报告要求：包含报告对象、报告内容、报告频次（周 / 月 / 季 / 年）。

（2）建立价值跟踪模板和仪表盘（见图 7-12）。

（3）收集数据，生成价值跟踪报告。利用建立的跟踪模板和仪表盘以及收集的相关数据形成价值交付执行概要报告，示例如图 7-13 所示。

通过价值跟踪，确保价值承诺全部闭环，确保项目价值实现。

2. 价值呈现

当相应的产品或者服务完成到一定程度，选择合适的时机组织客户相关干系人，通过各种方法如汇报、演示、用户体验、现身说法等进行价值呈现，获得项目关键干系人的认可，在提升客户满意度的同时，最终实现"可呈现的价值闭环"。

报告对象	报告内容								
	项目概览	项目成本	项目资源	价值实现（汇总）	工作流	部署	应用	过程性指标绩效	价值实现（明细）
客户领导层	汇总价值报告								
客户管理层/项目经理	详细价值报告								
工作流Owner（责任主管）						工作流级别价值报告			
交付团队									UC级别价值报告

图 7-12　价值跟踪模板和仪表盘

以汇报分析为例，将价值呈现分为项目价值交付执行概要报告和关键价值点执行情况分析（见图 7-14）。

为了保证价值呈现按照计划开展，项目经理应及时对项目执行过程中出现的价值交付问题进行干预，包括：度量 KPI 并识别差距，针对未达标 KPI 进行根因分析，制订价值干预计划，达成一致并实施计划。

通过设计可量化的价值目标，制订可执行的价值方案和计划，以及呈现的价值交付结果，将价值管理贯穿到整个项目交付生命周期。

以欧洲某大型软件项目为例来阐述其推动项目价值管理落地的过程。

由于该项目规模大，系统复杂，项目周期长，业务跨部门多，合同条款苛刻，客户内部关系复杂等，项目一再延期，客户非常不满。

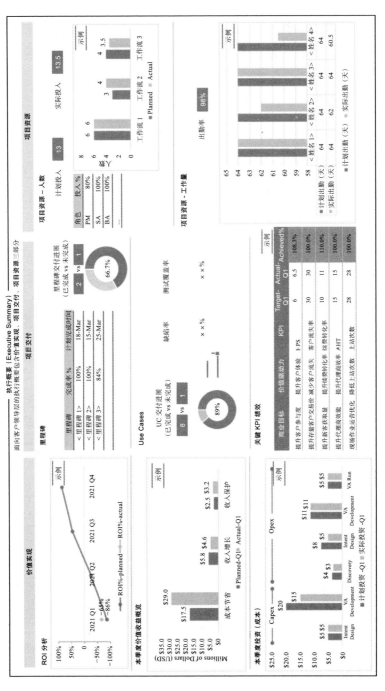

图 7-13　价值交付执行概要示例

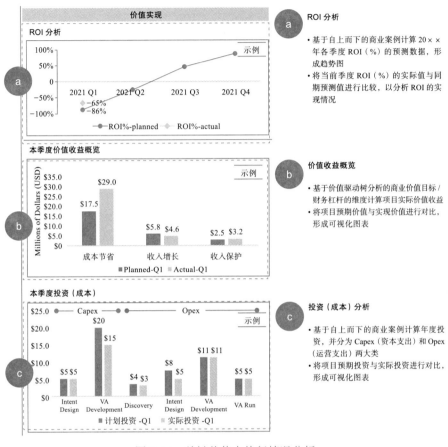

图 7-14　关键价值点执行情况分析

　　为提升客户满意度，实现价值交付，改善项目经营，项目组对客户
业务痛点进行深入洞察，发现客户迫切希望将当前"采用统一的产品计
费并按月生成计费账单"的资费产品修改为"按照用户习惯定制计费账
单并及时生成计费账单"的价值诉求。对于客户来说，该功能的实现每
年能为其带来 ××× 万欧元的额外收入，按照三年收回投资，五年的运
营周期年化收益将达到 ×% 的水平；对于华为来说，该价值诉求的实现
需要当前系统的二次开发和适配，通过客户投资回报分析初步认为假设

的需求报价为 ×××× 万欧元，客户五年年化投资回报率超过 ×%，远超客户的投资回报预期。华为与客户高层和执行层充分沟通后对该价值点的价值非常认可，为此希望华为三个月完成交付。

为满足客户三个月实现该价值目标的要求，华为通过设计价值实现解决方案，明确该价值点相关业务的优先权，确定各业务单位承担的角色和职责，并就实现该项工作的客户配合计划、测试计划、版本计划研讨一致，新的计划经过客户高层批准后双方一同执行，形成了华为对该价值目标的价值承诺。

新的方案和计划梳理对齐后，华为按照优先满足该价值的原则将该功能快速、完整地交付给客户，不断地向客户展示价值点的实现情况以获得认同，通过价值呈现极大地提升了客户满意度，最终按照客户要求顺利上线系统，同时缓解前期项目进度压力，帮助客户提升了经营结果，得到了客户高度认可，实现了价值交付。

7.3 项目价值交付系统

随着项目的价值交付理念的传播，价值管理方法的传承需要一套价值交付系统来落地，包括价值交付的系统模型、决策机制、管理团队，帮助组织在快速变化的商业环境中保持和提升竞争力，从而为组织创造商业价值。

7.3.1 项目价值交付系统模型

华为在积累了大量项目成功交付的实践经验的基础上，结合业界相关理论，构建了项目价值交付系统模型，如图 7-15 所示。

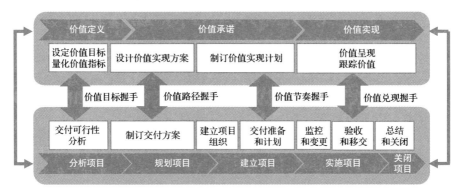

图 7-15　项目价值交付系统模型

华为通过项目价值交付系统帮助实现公司的战略目标。价值交付的主要目标有：

（1）兑现合同承诺的价值，即价值目标，并达到对应的价值量化指标。

（2）促进产业发展，以低成本、可复制的方式实现规模交付，兑现项目价值。

（3）讲清楚解决方案价值，对齐客户高层价值诉求。

（4）提升客户感知价值，提升客户满意度。

（5）促进项目验收。

（6）经营达到预期。

（7）与客户建立长期合作关系，获取持续流水收入。

项目价值交付系统形成了项目交付与价值管理的双循环，交付过程中通过四次握手，即价值目标握手、价值路径握手、价值节奏握手、价值兑现握手，将价值交付融入项目交付全过程。

第一次握手：价值目标握手。

在项目管理流程"分析项目"的"交付可行性分析"阶段，通过收集客户价值需求，设定价值目标并对目标进行量化，形成可量化的价值目标并与客户达成一致，从而完成项目价值定义。这个阶段，项目交付可行性分析与价值目标有机结合，相辅相成，实现第一次握手。

第二次握手：价值路径握手。

在项目管理流程"规划项目"的"制订交付方案"阶段，以价值定义确定的价值目标为基础，制订项目可执行的交付方案。这个阶段制订交付方案和设计价值实现方案相结合，确保生成"可执行的价值计划"，实现第二次握手。

第三次握手：价值节奏握手。

在项目管理流程"建立项目"的"交付准备和计划"阶段，以价值定义的价值目标作为项目范围，可执行的价值计划作为输入，制订项目交付计划和价值实现计划，将项目交付计划与价值实现计划结合，实现第三次握手。

将第二、第三次握手确定的项目交付计划和价值实现计划与客户达成一致作为价值承诺的输出，通过实现项目价值承诺，与客户达成按合同交付的目的。

第四次握手：价值兑现握手。

在项目管理流程"实施项目"阶段，以第一次握手的价值目标、第二次握手的价值实现方案、第三次握手的价值计划为输入，形成项目范围、解决方案、项目计划，通过沟通、协同、监督执行等多种项目管理手段完成项目交付，过程中对项目价值目标进行持续跟踪确保价值目标实现，价值目标实现后采用多种方式将交付结果呈现给相关干系人，实现价值管理第四次握手——价值兑现握手。

通过对价值交付系统四次握手的分析，可以看到，华为通过项目管理构建的价值交付系统对价值实现的全过程形成了有效保障。价值交付通过明确项目的需求，规划价值实现的解决方案，在保证项目的战略价值前提下，将价值目标进行分解和量化，运用公司平台上的各种工具进行成本控制与质量管控，实现项目价值交付。

7.3.2　项目价值交付决策机制

华为在价值交付系统基础上，通过 PMP 流程各决策点（DRA、DRB，DR1 ～ DR4）进行价值交付的监控和管理，如图 7-16 所示。

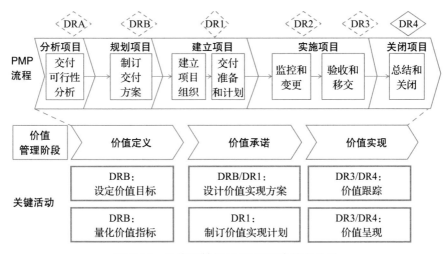

图 7-16　价值交付与 PMP 流程决策点关系

（1）价值定义阶段，收集客户需求，确定项目价值点并对价值点进行指标量化，最终形成可以量化的价值目标；将确认的价值目标、量化价值指标，通过设计价值实现方案设置在 PMP 流程规划项目阶段，并通过 DRB 决策形式牵引价值目标和量化指标及价值实现方案与客户达成一致并落实到项目合同中，确保项目范围可控。

（2）价值承诺阶段，以 DRB（包括价值方案、价值目标等）的决策作为输入，制订一个可以执行的价值方案并针对方案制订相应的价值交付计划，形成可以交付的价值实现方案和价值实现计划，并通过 DR1 决策，让项目组和相关产品线对解决方案和计划进行承诺，确保项目可交付，兑现客户价值，实现价值承诺。

（3）价值实现阶段，以价值定义阶段的项目范围、价值承诺的方案和计划为基础，确保项目价值实现，通过跟踪项目价值状态闭环价值交付，并通过多种价值呈现方式得到客户认可。

通过将价值交付贯穿于项目各个阶段，实现了端到端的价值管理，即从洞察客户需求到价值实现的全过程，包括建立端到端项目组织、对项目经理进行授权、监督保障项目按照计划顺利完成，帮助客户实现项目价值交付，建立起以项目为中心的价值交付系统。

7.3.3　项目价值交付管理团队

为了更好地保障价值交付的有效运作，可以任命项目价值交付管理团队的角色，特别是对于上规模的大中型项目，在项目组内部成立价值交付管理团队可以有效地对项目价值优先级进行排序，从而最大限度地提高投资回报率，并在整个项目生命周期中跟踪和干预项目价值的实现情况。

项目价值管理团队是在项目生命周期中通过定义项目价值，对项目交付的成果做出承诺并跟踪价值实现情况的团队，帮助客户识别其投资的潜在价值，最大化投资收益。

设立项目价值管理团队可获得的收益包括但不限于：

* 明确定义项目为客户带来的价值。
* 建立项目团队/客户的价值意识。
* 在项目实施前带领客户了解项目整体预期收益。
* 与客户共同设定价值量化目标，获得项目团队的承诺，同时还获得客户干系人对商业就绪的支持。
* 建立价值跟踪机制和治理模式，以跟踪和报告项目创造的价值。

项目价值交付管理团队运营模型与角色如图 7-17 所示。

项目价值交付管理团队运营型取决于项目规模、复杂性以及价值管理成熟度。项目价值交付管理团队的规模和结构必须根据项目和客户的实际情况进行调整

角色职责概览

价值经理
- 通过数据驱动的决策以及和客户的密切合作与沟通，实现价值交付
- 监督所有价值实现团队的活动，包括建立价值驱动树，识别业务量指标，建立和维护商业案例，构建价值实现主计划，提供跟踪报告等
- 项目角色对应：项目经理（PD）

总体解决方案架构师
- 拉通跨产品的解决方案，为跨产品的解决方案的价值管理提供建议和见解，如协助业务架构师识别价值驱动因素，完成KPI目标设置以及特定功能的价值跟踪
- 项目角色对应：总体解决方案架构师

价值架构师（BA）
- 负责建立面向客户的价值驱动树，建立和维护商业案例，识别KPI以及设定目标值
- 项目角色对应：业务架构师（BA）

价值分析师
- 定义数据要求，收集与管理数据，以提高数据可用性
- 按照价值实现计划收集客户基线数据，并使用价值实现可视化工具快速生成有影响力的交互式可视化可视化仪表盘
- 项目角色对应：技术总监（TD）

销售经理
- 深刻理解客户痛点和解决方案价值主张，引导客户需求，与客户签订价值销售的合同
- 项目角色对应：销售经理

大型/战略性的项目建议的价值管理组织架构

价值经理
- 总体解决方案架构师
- 价值架构师
- 价值分析师
- 销售经理

中小型项目建议的价值管理组织架构

价值架构师
价值分析师
销售经理

图 7-17 项目价值交付管理团队运营模型与角色

华为项目管理关注的重心经历了三个阶段，即以质量为中心的阶段，以客户满意为中心的阶段和以价值交付为中心的阶段。这充分体现了华为项目管理始终以客户为中心的理念和宗旨。客户的关注重心就是华为项目管理的关注重心。当前，华为项目管理关注的重心正处于第三个阶段。

创造"源"来的价值，这个"源"来的价值体现在是"什么样"的价值和为"谁"创造价值两个方面，最终的目的是实现客户、合作伙伴、公司、项目团队的共赢。

为了将项目的价值交付及时、高效落地，华为总结提炼了价值交付系统，并提出了价值交付的"三阶六步"，将价值三个阶段的六个步骤与华为项目管理流程、项目管理决策有机结合，实现从价值定义、价值承诺到价值实现的闭环管理。

8

第 8 章

未来之道

华为的项目管理沿着实战和经营、方法和体系这主辅两条线发展，经历了四个阶段，从专业化到体系化，再到数字化和价值化，项目管理能力已经成为华为的"根能力"。

未来，项目管理的发展要做到方向大致正确，既要"脚踏实地"，又要"仰望星空"，通过前瞻性的洞察和系统化的思维，构建认知和思想的确定性来应对外部环境的不确定性。

未来有多近，在于想得有多远。通过"交付战略五问"和持续的业务洞察，我们总结出未来项目管理的"七大发展趋势"：多样化、敏捷化、迭代化、定制化、运营化、复杂化、融合化，进而归纳出项目经理面临的"三大挑战、十面埋伏"。同时，为顺应趋势和迎接挑战，我们提出了未来项目管理的"八大应对"：思想变革、模式变更、团队变阵、治理变化、能力蝶变、赋能跃变、平台权变、生态裂变。"以变应变"，通过"变"来抓机遇、迎挑战。

8.1　未来有多近，在于想得有多远

华为项目管理的未来洞察通过"交付战略五问"来分析。"交付战略五问"指的是：①我是谁？核心是客户是谁，我们交付什么。②要去哪？核心是未来交付挑战、风险机会是什么，愿景和定位是什么。③怎么去？核心是交付模式如何变化，能力、流程、机制和平台如何培育和演进。④和谁去？核心是组织架构、作战阵型如何设置。⑤动力怎样更强？核心是如何平衡人的主观能动性与工具、平台的能力。通过持续的洞察和思考，我们总结出未来项目管理的"七大发展趋势"，项目经理面临的"三大挑战、十面埋伏"，并引发了对项目定义的重新思考。

8.1.1　项目管理七大发展趋势

随着行业数字化转型蓬勃深入的发展，华为的项目管理正面临更多

不同场景的交付形态，不确定性也随之增大。管理需要走在问题的前面，华为通过"交付战略五问"及业务洞察分析，总结出了项目管理的七大发展趋势及挑战（见图 8-1），这些趋势及挑战将为华为未来项目管理理念、体系和能力的发展指引方向。

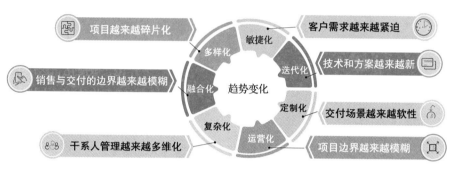

图 8-1　项目管理的七大发展趋势及挑战

1. 项目所处的场景越来越多样化，项目越来越碎片化

华为传统的项目交付场景主要在 ICT 行业，项目合同金额大，周期长，这类大颗粒度项目的范围和场景相对明确。但通信行业大规模投资建设具有周期性，目前客户将更多精力投入到了扩容、增值、提升体验、提高运营效率等方面，使得项目的颗粒度变小、数量急剧增加、场景越来越多，项目形态变得更加多样化和碎片化。针对这些变化，华为不可能再像过去一样对单体项目投入大量资源并以大兵团作战方式进行项目管理。

2. 客户需求越来越紧迫，交付模式越来越敏捷化

传统的信息通信基础项目的产品需求明确，华为的项目团队有充足的时间和经验去设计方案以满足客户需求。而现在由于市场需求瞬息万变，客户既不能提出明确的需求，又不可能给华为留出足够的交付时间，使得项目范围不确定与项目交付周期缩短之间的矛盾更加突出，大量的项目需

要尽快完成设计、开发及交付、运营。这就要求项目管理模式更加敏捷化，也要求项目团队的组建更加迅捷灵活，决策和执行更加快速有效。

3. 技术和方案越来越新，版本迭代频次越来越高

行业数字化转型中的新技术层出不穷，例如人工智能、增强/虚拟现实（AR/VR）、数字孪生、云原生等，这些新技术需要迅速在项目中应用才能满足客户需求，更好地提升用户体验，为客户带来更多的商业价值。因此，过去"一套技术方案包打天下"的策略已经行不通，必须根据新需求、新技术不断调整技术方案和升级项目版本。这个过程不仅对项目人员的技术能力要求越来越高，对项目迭代化版本管理的要求也越来越高，给项目的知识管理和技术管理等带来了巨大挑战。

4. 交付场景越来越软性，产品需求越来越定制化

过去，华为有很多交钥匙类通信项目，这类项目的设计及实施方案一开始就已确定，包括通信网络设备、土建、机房、铁塔等硬件工程。在交付此类项目时，一般按照标准化的瀑布式方式执行即可。然而，现在很多信息和通信项目场景是"软性"的，产品需求越来越定制化，项目交付需要充分考虑用户体验、界面易用等个性化需求。

5. 项目边界越来越模糊，交付和运营交错程度越来越高

按传统定义，项目是临时性、独特性的任务或活动，按合同交付完成即可，交付和运营相对清晰。但是在数字化、互联网的时代背景下，客户对自己的需求认知比较模糊，客户的个性化需求在运营过程中随着市场应用效果的反馈持续涌现，同时也会随着项目的开发和成果交付进程不断调整。这使得项目交付边界越来越模糊，项目及其成果的运营并非按照序贯方式开展，而是呈现彼此交错的螺旋式发展形态。这种趋势下，项目管理人员既要能够管理项目交付，又要能够管理运营、运维、用户体验等，同时还要能够辅助客户进行业务拓展。

| 第8章 未来之道 |

6. 干系人管理越来越多维化，沟通协调越来越复杂

传统项目管理的主要干系人是甲乙双方，即甲方提出明确的需求，乙方按照甲方需求和合同交付，关系相对简单，边界相对明晰。新形势下，项目干系人越来越多，关系越来越复杂，涉及整体项目生态，包括甲方的甲方（系统上下游用户）、甲方各个业务部门、合作方、分包商等，使得干系人管理呈现出多维度发展趋势。同时，由于华为需要集成多厂商设备，包括自有项目组、渠道伙伴、合作伙伴、分包商等，干系人从之前的甲乙双方变成了甲乙丙丁等，形成了多个维度的复杂关系，这种多维度的干系人管理使沟通协调难度大大增加，给项目经理的沟通与协调等带来极大挑战。

7. 销售与交付的边界越来越模糊，项目前端与后端越来越融合

过去，销售经理负责签单，项目经理负责按合同交付，销售和交付之间的边界是比较清晰的。而现在客户的需求是在交付过程中逐渐被明确的，销售与交付的边界越来越模糊，甚至出现"销售即交付、交付即销售"的现象。在这个过程中，项目经理既承担交付的责任，又需要在交付过程中不断挖掘客户的新需求，解决客户的业务痛点，产生新的项目；而销售经理也需要与负责交付的项目经理密切协作，以应对交付过程中不断出现的客户需求和销售机会。

8.1.2 项目经理面临的"三大挑战、十面埋伏"

项目经理在公司未来运营与作战中的定位越来越清楚，对他们的要求也越来越高，除了要把项目运作好、把项目经营好，他们还要成为项目的作战指挥官。项目经理在每个战场、每个战役、每个领域做好指挥官，公司的经营就会得到基本的保障。

随着业务的转型和拓展，新的军团一个一个建立，华为的项目管理

正走向千行百业，战场在变，客户在变，对手也在变，这些变化将给项目经理带来巨大挑战。我们将新形势下项目经理所面临的挑战总结归纳为"三大挑战、十面埋伏"，如图 8-2 所示。

1. 时代的挑战

VUCA 时代的特征是企业变得越来越复杂，行业边界变得越来越模糊。这就要求项目经理的领导力、项目管理方法能够灵活应对环境的不确定性，同时也要求项目经理具有更加开放的学习心态，不断更新知识，提升认知，保持方向判断的大致正确。

2. 行业的挑战

华为项目管理正走向千行百业，业务形态发生了变化，治理对象发生了变化，场景范围发生了变化，资源对象也发生了变化，因此对项目经理来说，理解行业、理解客户、理解商业模式至关重要，唯有如此才可能助力客户实现商业成功。

3. 公司的挑战

公司是商业社会的一个细胞，它能否生存和发展在于是否顺应时代的趋势和符合行业的要求，并不断调整战略以适应环境变化。在这个调整、变化过程中，项目经理能最直接地感受到公司内部的挑战，比如前后端融合，项目经理如何定位和发展；新场景下，传统项目经理如何转身；如何提升能力和领导力，真正承担起项目 CEO 的职责……

8.1.3 项目需要重新定义

在分析判断项目管理的发展趋势和项目经理面临的挑战时，我们需要重新定义项目。未来的项目具有三个显著的特点：开放、创新和持续，它们分别从传统项目封闭、执行和周期的特点转变而来，如图 8-3 所示。

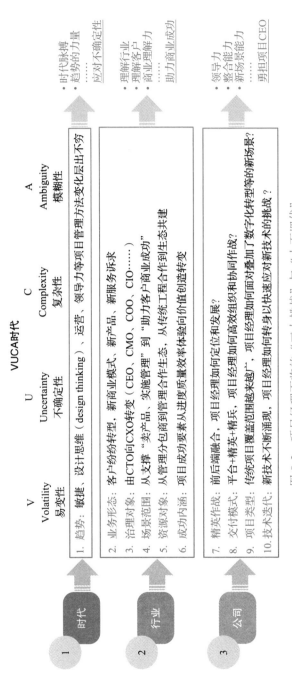

图 8-2　项目经理面临的 "三大挑战" 与 "十面埋伏"

图 8-3　未来项目呈现的三个特点

针对未来项目的特点，项目的作战方式将发生根本的转变，即从传统的交付作战转变为商业作战，其成功标准也将从"按照契约交付"转变为"实现商业成功"。项目管理作战目标和作战方式将全面走向"价值驱动"。

8.2 项目管理发展只有起点，没有终点

项目管理的七大发展趋势以及项目经理将面临的"三大挑战"对华为来说既是考验也是机会。传统的项目管理隐含着项目的范围、成果等比较明确的前提条件，而未来越来越多项目的前提条件是不确定的、复杂的，市场机会和客户需求是模糊的、易变的，且项目实现的技术路径、干系人和环境也是变化多端的。华为项目管理的目的将转变为实现商业价值闭环。为此，华为提出了"八大应对"来抓机遇、迎挑战：思想变革、模式变更、团队变阵、治理变化、能力蝶变、赋能跃变、平台权变和生态裂变。

1. 项目管理的思想变革

项目管理思想变革是指华为项目管理在理念和认知上将发生六点转变，如图 8-4 所示。

（1）项目关系由因果到关联的转变。在过去项目管理针对的场景中，项目干系人和周边工作的界面是分明的，项目活动与活动之间、责任人与责任人之间是线性的因果性关联关系。在未来项目管理面临的场景中，这些关系将由线性关系转变为非线性的网络关联关系，项目管理工作的构件组合化、风险管理要素化、人员和责任的动态角色化程度会明显加深。

（2）工作完成由单元到协同的转变。过去项目管理中每个活动由相对独立的单元、独立的角色来完成。未来的更多活动相互之间影响、制约，相互影响的比重加大；更需要多干系人、多方交互才能完成，包括

从规划设计、建立实施、收尾转运营等。团队组建的开放性、柔性化程度加深，职能支撑功能的弹性空间将进一步加大。

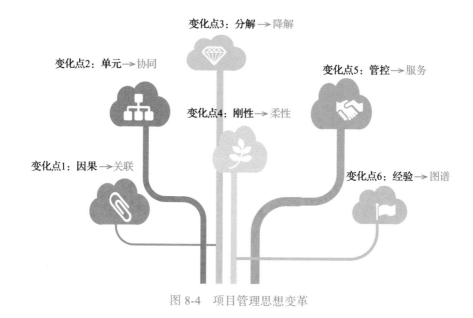

变化点3：分解 → 降解
变化点2：单元 → 协同
变化点5：管控 → 服务
变化点4：刚性 → 柔性
变化点1：因果 → 关联
变化点6：经验 → 图谱

图 8-4　项目管理思想变革

（3）活动从分解到降解的转变。过去项目管理通过工作分解结构（work breakdown structure，WBS）进行构件化的物理性工作分解，项目分解后的各部件可以重新组合成原来的项目整体。将来的项目采用化学降解的方式，整体的项目会降解为具有新属性或新功能而不是局部属性或局部功能的工作单元，这些工作单元集成后会形成新的系统。这种降解和再融合的方式是两次创新的过程，能够敏捷应对市场的新变化和客户的新需求。

（4）项目交付从刚性到柔性的转变。过去项目交付成果范围是刚性的，例如目标要求交付 1000 个站点，项目组就需要按照 1000 个站点做好计划、资源、物料的匹配。未来项目交付成果范围是柔性的，既可以按照完成 1000 个站点来安排目标、计划和资源，也可以按照完成 500 个站点或者 1500 个站点等来安排目标、计划和资源。因此，在项目管理过程中需要综合考虑目标、计划、成本和质量的最优情况，从而动态调整资源。此外，项目负责人的关注点也不再局限于刚性的进度和目标，还需要综合考虑成本、质量等多个方面，同时关注对可能的客户需求的弹性响应。

（5）组织管理项目的视角从管控到服务的转变。过去组织级项目管理多是站在管控的角度，通过出政策、搞赛马等管控手段来管理项目。未来组织和平台会转换视角，从集中管控走向授权与服务，通过政策的授权、资源的整合和配置机制、平台能力的封装为项目提供更有效的支持和服务。

（6）从靠经验沉淀到靠平台智能的转变。长期以来，项目交付成功一直依赖项目经理和团队成员的个人经验，因此不同人采用同样的方式进行交付，会得到不同的项目完成效果。数字化时代，我们要充分利用新技术，把成功经验与方法固化和沉淀在 IT 平台上，将能力和经验变成知识图谱，使得员工能够快速、正确地找到相关经验和方法，利用平台能力来复制和保障交付。

2. 项目管理的模式变更

未来项目管理模式将从响应型逐步变更为体验型，如图 8-5 所示。项目交付从成果和客户满意变成以客户价值和体验为主；项目交付的对象将从产品和解决方案变成客户业务解决方案；在具体执行上，传统的链条式串行将逐步变成敏捷的并行，离散交付变成融合交付，经验判断和部分自动化将变成更多的人工智能和智慧分析决策及超级自动化，流程变成数据驱动，形成更多的人人互动、人机互动；在组织治理上，从集中管控变成授权和服务，由主要依赖于人和组织，变成更多地依靠平台、数据、能力。

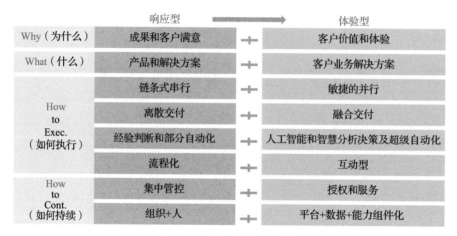

图 8-5 项目管理模式变更

项目管理模式实现从响应型到体验型的转变，价值的视角也必然会发生变化，传统项目管理的价值通常体现在合同签订后的交付实施阶段，未来项目管理将突破这个边界，向高附加值的项目管理咨询规划、项目管理运维运营的方向拓展，提升项目管理的价值，形成完整的微笑曲线：咨询规划、交付实施、运维运营。

3. 项目团队变阵

项目小型化、碎片化和运营化趋势，使得传统的打法受到很大的限制，重构现有的项目组织阵型和打法，项目团队变阵为"1+X"。"1"代表在面向客户时前端维持 1 个精英团队，甚至 1 个人，只管呼唤炮火；"X"代表项目后端依托一个强大的平台 X，有一群后端专家资源。通过平台调用各种资源和能力，实时响应、支持前端；通过远近协同、人机协同、短链条运作，实现敏捷交付。在此基础上，结合场景和项目类型设置相应的作战阵型和交付模式，更好地实现"精英＋平台＋生态＋运营"，如图 8-6 所示。在有些场景中，伙伴可以代表华为的"1"，通过调用"X"的能力来实现客户所需要的高质量项目管理和服务。

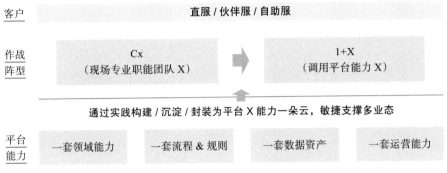

图 8-6　项目团队变阵

　　未来项目交付从聚焦单一项目的集中式交付向"分布式交付、集中式运营"模式转变,打破了传统的项目交付与运营的边界。项目管理中确定性高的、可以被标准化的活动将被重新设计和组装,形成一个个活动构件(block),最后实现像宜家一样的组件化装配式交付,通过构件的组合满足柔性的需求。这种模式的特点是去中心化、分布式交付,它能够大大降低对人的综合技能的要求,做到把复杂留给"家里",把简单留给"现场"。

4. 项目治理方式的变化

　　未来的项目治理将由"正三角"转变为"倒三角",如图 8-7 所示。

　　对于项目的治理,从把主要精力投入到"硬"的执行,到把主要精力投入到关注客户界面"软"的治理,人与人互动、人与流程互动、人与数据互动三个方面的比重发生了颠覆性转变,使得管理者可以把宝贵的精力投入到更有价值的项目活动中。

　　(1)构建精干团队,关注人与人的互动。来自不同国家和地区的员工之间进行高效分工协作,组织形态高度扁平化和网络化,建立开放、创新的团队文化,能够将团队的经验和能力在成员之间充分开放共享。并且,随着越来越多"00后"员工的入职,项目团队的组织和文化变革

越来越迫切，只有构建有活力的精干团队才能做好与客户伙伴的沟通和
价值创造，才能提供有温度的服务。

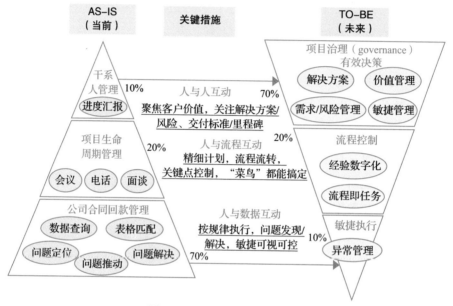

图 8-7 项目治理方式的变化

（2）发展多元化资源模式，关注人与流程的互动。数字化时代出现
了许多自由职业者，他们的工作方式更加自由，会依据自己的能力和酬
金接入开放平台来完成自己想做的事情。因此，再像传统项目管理方式
一样，把人固定在一个地方、一个项目中不仅不可行，而且也会使项目
管理成本居高不下。因此，要大力发展项目多元化资源（如零工模式），
通过流程的互动，将其接入开放的项目管理平台，使其能力和工作的匹
配变得更加快捷，让项目管理无处不在。

（3）推进人机协同，关注人与数据的互动。人工智能的出现使重复
性工作变得更简单，大量项目工种正在被机器取代，从项目过程数据的
可视化到自动化和人机协同，进而产生"数字化员工"。因此，未来的项

目管理不再局限于对人的管理，而是更多地做好人机协同管理，机器和人工智能系统也将成为重要的项目干系人。

5. 项目管理能力蝶变

项目管理既有科学的一面，也有艺术的一面。未来的项目管理将更加重视其艺术的一面，在项目管理活动中更加注重人的体验和感知，更加依靠人文关怀打动和激励人心，促使项目干系人为达成项目目标、创造商业价值而产生更强大的内驱力。

项目是面向价值的与客户协作、创造、分享的平台，项目不仅仅要交付合同，而且要给客户带来价值，让客户从项目管理中获得益处。因此，项目管理活动要从技术集成转向商业集成，要更多地关注客户业务价值的实现和效率的提升。未来的项目管理将是面向项目价值挖掘和价值实现的服务体系，如图8-8所示。

图 8-8 未来的项目管理

由此可见，未来的项目管理主要提供三种能力：一是提供方案的能力；二是提供数据的能力；三是提供工具的能力。未来的项目管理服务体系将融合上述三种能力，支撑项目价值挖掘和价值实现。

6. 项目管理行业赋能跃变

VUCA时代，除了企业变得越来越复杂，行业边界变得越来越模糊，另一个显著特征就是学习能力成为重要能力。项目经理只有不断学习新知识，不断完善知识体系，才能在大量不确定性中做到大致正确的方向判断，因此，项目管理行业赋能变得尤为重要。华为有针对性地提出了 H5M 模型并据此开展培训和认证，赋能千行百业。H5M 模型是华为从 20 多年项目管理实践中总结、提炼和萃取出来的知识、经验、能力、技能和方法论，本着培训为本、认证为纲的原则，通过现场和线上的案例讨论、情景演练、角色扮演等，赋能学员，助力企业和伙伴，如图 8-9 所示。

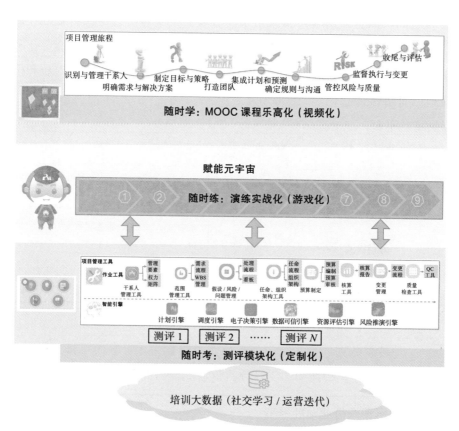

图 8-9　未来项目管理赋能方式

未来项目管理赋能将全面走向数字化，通过项目管理模拟器使赋能方式产生三个跃变。①随时学。通过精心录制的视频化 MOOC 课程，学员按需乐高化学习。②随时练。项目管理贵在实战，通过把演练游戏化，按照实战的要求进行刻意练习，有效地把知识和能力固化到自己的行为和习惯里。③随时考。测评按照不同场景和等级分类定制，再按照不同的技能进行模块化调用。通过"随时学、随时练、随时考"，更好、更快地使能学员和企业的项目管理从入门到实战、从实战到精通、从精通到卓越。

7. 项目管理平台权变

数字化项目管理是项目管理的大趋势，也是华为今后主要的项目管理手段。先进的数字化技术和智能的项目管理工具、方法和体系是推动项目全生命周期有效完成的必然途径，大数据背景下的企业项目管理能力核心是数字化平台，能力沉淀在平台上，并支撑管理项目（见图 8-10）。

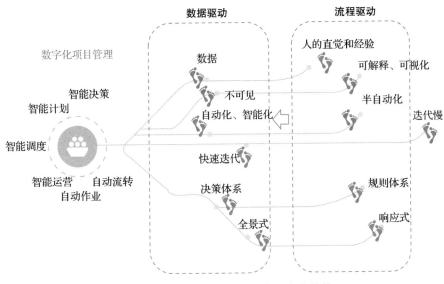

图 8-10　大数据背景下项目管理变化趋势

项目管理数字化转型的目标是进一步将项目管理从由流程驱动转变为由数据驱动的自驱式、智能化、全景式决策的数字化项目管理体系。这个转变将使得项目管理平台能够灵活、及时、准确地支撑项目管理活动。

此外，数字化施工也将成为未来项目管理的发展方向之一。在项目交付过程中，可以通过数字化建造技术来减少传统施工所常见的费用超支和延期问题。依靠数字化技术和区块链等，构建可追溯的工程质量系统，使项目人员做到做完即走，项目工作做到做完即验收。

8. 项目管理生态裂变

未来最有爆发力的当属生态经济，项目管理也将在生态化里面扮演重要的角色，通过构建生态型服务创新体系，让能力像细胞一样裂变，使能千行百业。以基础软件行业为例，华为通过技术开源把软件开源到社区，如图 8-11 所示。

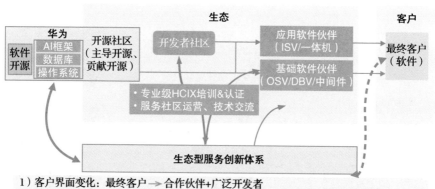

图 8-11　基础软件生态型服务创新体系

通过把服务开放到社区，预期未来项目管理将发生三大变化：①客户界面变化，从最终客户变成了"合作伙伴 + 广泛开发者"；②交付模式变化，从华为交付变成"伙伴交付 + 赋能伙伴 + 华为贡献社区 + 华为抢修抢建"；③能力构建变化，从华为构建到"华为构建高精尖能力 + 社区 / 伙伴赋能 + 伙伴使能 + 伙伴认证"。在生态经济时代，伙伴变成了客户，最终的客户变成了用户。

本章小结

哲学家康德说过："我已经自己选定了道路，我将坚定不移。既然已经踏上了这条道路，那么任何东西都不应妨碍我沿着这条路走下去。"华为的项目管理之道从来就不是平坦之道，华为项目管理的未来之道同样是充满挑战的，华为的项目经理们对此有着充分的领悟，也做好了准备。只有打破过去的优势，才能建立新的优势，我们才能走得更远。

雄关漫道真如铁，而今迈步从头越。华为的项目经理们对战胜这些挑战有着充分的决心和信心。"专业、责任、荣誉"是华为项目经理们坚守和追求的关键词，"使命必达"是华为项目管理的价值所在，也是华为项目管理未来之道的方向所在，华为强调方向要大致正确，组织要充满活力。

附录　缩写词表

英文缩写	英文全称	中文全称
5R	right time, right place, right object, right method, right content	5R 法则
AA	application architecture	应用架构
AAR	after action review	事后回顾
AI	artificial intelligence	人工智能
AM	account manager	客户经理
API	application programming interface	应用编程接口
AR	account responsible	客户责任人
AR	augmented reality	增强现实
BA	business architecture/architect	业务架构 / 架构师
BO	business owner	业务主管
BOQ	bill of quotation	报价单
BSA	basic, satisfied, attractive	基本（需求）、满意度（需求）、兴奋型（需求）
C8	core member 8	核心团队 8 个关键角色
C&Q	competency & qualification	任职资格
CCB	Change Control Board	变更控制委员会
CCP	change control process	变更控制流程
CEG	commodity expert group	采购专家团
CIO	chief information officer	首席信息官
CM	contract manager	合同经理

（续）

英文缩写	英文全称	中文全称
CMO	chief marketing officer	首席营销官
COO	chief operating officer	首席运营官
CRM	customer relationship management	客户关系管理
CT	compliance testing	遵从性测试
CTO	chief technology officer	首席技术官
DBV	database vendor	数据库软件供应商
DQA	delivery quality assurance engineer	项目质量工程师
DR	delivery review	交付评审
DRA	delivery feasibility analysis review	交付可行性评审
DRB	delivery review for bidding	投标前交付方案评审
DRX	delivery review X	交付评审点 X
EHS	environment, health, safety	环境健康安全
EI	early involvement	（项目）早期介入
ERP	enterprise resource planning	企业资源计划
EPMS	engineering project management system	工程项目管理系统
eTOM	enhanced Telecom Operations Map	增强电信运营模型
FIN	finance	财务
FR	fulfillment responsible	履行责任人
FTTx	fibre to the x	光纤接入
GTS	Global Technical Service	全球技术服务部
HCSA	Huawei Certified Specialist - Associate	华为认证项目经理
HCSP	Huawei Certified Specialist - Professional	华为认证高级项目经理
HCSE	Huawei Certified Specialist - Expert	华为认证项目管理专家
HRBP	human resource business partner	项目人力资源经理
IA	information architecture/architect	信息架构 / 架构师
IBS	in-building solution	室内解决方案

（续）

英文缩写	英文全称	中文全称
ICB®	IPMA Competence Baseline	国际项目管理能力基准
ICT	information and communications technology	信息和通信技术
IDC	internet data center	互联网数据中心
IFS	integrated financial services	集成财经服务
IM	implementation manager	实施经理
IPMA	International Project Management Association	国际项目管理协会
ISD	integrated service delivery	集成服务交付
ISDP	integrated service delivery platform	集成服务交付平台
ISV	independent software vendor	独立软件供应商
ITR	issue to resolution	问题到解决
ITSC	integrated technical service center	集成技术服务中心
KCP	key control point	（项目）关键控制点
KOS	knowledge organization system	知识组织体系
KPI	key performance indicator	关键绩效指标
LTC	leads to cash	线索到回款
MOOC	massive open online courses	大型开放在线课程
MS	management service	管理服务
MOS	material on site	物料到站点
MR	material request	站点要货申请
OCR	optical character recognition	光学文字识别
OSP	outside plant	外线施工
OSV	operating system vendor	操作系统提供商
PAC	preliminary acceptance certificate	初验证书
PBC	personal business commitment	个人绩效承诺
PCM	plan control manager	计划控制经理
PD	project director	项目总监

（续）

英文缩写	英文全称	中文全称
PDMC	process document management center	流程文件管理中心
PDRT	professional delivery review team	（项目）交付评审团队
PFC	project finance controller	项目财务经理
PM	project manager	项目经理
PMBOK®	Project Management Body of Knowledge	项目管理知识体系
PMCC	Project Management Competence Center	项目管理能力中心
PMI	Project Management Institute	（美）项目管理协会
PMO	project management office	项目管理办公室
PMP	project management process	项目管理流程
PO	purchase order	采购订单
POC	proof of concept	概念证明
PPM	project procurement manager	项目采购经理
PPMM	Project management Process Maturity Model	项目管理流程成熟度评估模型
PQA	project quality assurance	项目管理质量保障
PR	purchase request	采购请求
RPA	robotic process automation	机器人流程自动化
PRINCE2	PRoject IN Controlled Environment	受控环境下的项目管理
QA	quality assurance	质量保证
QC	quality control	质量检查
RFI	request for information	信息询问
ROI	return on investment	投资回报率
SA	system architecture/architect	系统架构 / 架构师
SaaS	software as a service	软件即服务
SaS	service as system	服务即系统
SCM	supply chain management	供应链管理

（续）

英文缩写	英文全称	中文全称
SCM	supply chain manager	供应链经理
SD	service delivery	服务交付
SLA	service level agreement	服务水平协议
SLO	service level objective	服务等级目标
SME	subject matter expert	领域专家
SR	solution responsible	解决方案责任人
TA	technology architecture/architect	技术架构 / 架构师
TCO	total cost of operation	总运营成本
TD	technical director	技术总监
TMO	Technical Management Office	技术管理办公室
UI	user interface	用户界面
VR	virtual reality	虚拟现实
VSM	value stream map	价值流图
WBS	work breakdown structure	工作分解结构